FRANZISKA **PIEL**

BLEIB FIT, MAMA!

SPORT UND SCHWANGERSCHAFT –
(K)EIN WIDERSPRUCH

novum pro

Dieses Buch ist auch als
e-book
erhältlich.

www.novumverlag.com

Bibliografische Information
der Deutschen Nationalbibliothek:

Die Deutsche Nationalbibliothek
verzeichnet diese Publikation in
der Deutschen Nationalbibliografie.
Detaillierte bibliografische Daten
sind im Internet über
http://www.d-nb.de abrufbar.

Gedruckt in der Europäischen Union
auf umweltfreundlichem, chlor- und
säurefrei gebleichtem Papier.

© 2022 novum Verlag

ISBN 978-3-99131-546-9
Lektorat: Leon Haußmann
Umschlagfoto: Franziska Piel
Umschlaggestaltung, Layout & Satz:
novum Verlag
Innenabbildungen:
Seite 12, 51, 78, 143, 152, 163: © Franziska Piel,
Seite 100: © Peter Tetzlaff | Dreamstime.com
Seite 166, 167, 168, 170: siehe Bildunterschriften

www.novumverlag.com

Climate neutral
Print product
ClimatePartner.com/16547-2201-1002

Inhaltsverzeichnis

Vorwort

Es freut mich, dass du soeben dieses Buch zur Hand genommen hast! Da dich vermutlich der Titel, das Thema oder eine Empfehlung hierhergebracht hat, gehe ich davon aus, dass du dich nun selbst zu den werdenden Müttern zählst, dir wünscht, demnächst schwanger zu werden oder zum Umfeld einer großartigen Frau gehörst, die schon bald Nachwuchs erwartet. Jedenfalls möchte ich dich daher persönlich begrüßen und dich gerne auf diese besondere Reise mitnehmen.

Die Schwangerschaft ist für jede Frau, jeden Partner und auch das engere Umfeld eine neue und einzigartige Lebensphase. Ein neuer Mensch entsteht und die Entwicklung dieses kleinen Lebewesens gleicht einem Wunder. Selbstverständlich kommt es zu einigen Veränderungen, an die man sich zunächst gewöhnen muss. Dennoch seid ihr es allein, die die Verantwortung tragen und entscheiden werdet, welchen der unendlichen Wege ihr einschlagen werdet.

Dieses Buch habe ich speziell für Sportlerinnen geschrieben, die sich nun auf einen dieser neuen Wege machen, was keinesfalls bedeutet, dass ich die weniger sportbegeisterten Menschen ausschließen möchte. Auch ihr seid hier herzlich willkommen. Der Unterschied zwischen Sportlerinnen und Nicht-Sportlerinnen besteht jedoch darin, dass Sportlerinnen in der Regel stärker um ihren Körper besorgt sind, es häufig schwieriger für sie ist, die Kontrolle über den kurzfristigen natürlichen Lauf der Dinge in Bezug auf ihren Körper abzugeben und angeborene oder angeeignete Charaktereigenschaften zur Zielerreichung wie Disziplin, Ehrgeiz und Fleiß plötzlich an Wirksamkeit verlieren. Sportlerinnen, die zumindest ambitionierter oder sogar leistungsorientiert

Sport treiben, haben in der Regel einen streng getakteten Tagesablauf, um Training, Job und soziale Kontakte unter einen Hut zu bekommen und sie handeln erfolgsorientiert. Damit verbunden gleichen sie sich oftmals in ihren Glaubenssätzen, Einstellungen und Interessen.

An dieser Stelle möchte ich nochmal betonen, dass ich sportliche Frauen nicht über weniger sportliche Frauen stelle. Sie sind nicht besser, erfolgreicher oder intelligenter. Sie folgen lediglich einer anderen Lebensphilosophie, in der ich sie als langjährige ambitionierte Sportlerin abholen und auf diesem neuen Weg begleiten möchte.

Der Sport ist für uns nicht nur das Ausüben verschiedener Sportarten, sondern auch alles drumherum, was dazugehört, um sportlich erfolgreich zu sein. Das Wissen über die Sportart selbst, das Training, die Aneignung spezieller Fähigkeiten und Fertigkeiten, um „immer besser zu werden", ein starkes Mindset und auch ein passendes Verhalten abseits von Training und Wettkampf, wie z. B. eine angepasste Ernährung, ausreichend Schlaf und andere Regenerationsmaßnahmen, Zeitplanung und nicht zuletzt auch das eigene körperliche Erscheinungsbild. Auf der einen Seite haben Sportlerinnen häufig eine hohe Belastungs- und Schmerzgrenze, nehmen auf der anderen Seite ihren Körper jedoch viel sensibler und teilweise ängstlicher wahr, was wiederum zu einigen Besonderheiten in der Schwangerschaft führt.

Dieses Buch ist durch meinen eigenen Wunsch entstanden, die Achterbahnfahrt meiner eigenen Schwangerschaft mit dir zu teilen, meine Erfahrungen weiterzugeben, aber auch durch ein großartiges Netzwerk aus Experten, welches ich mir vor und während der Schwangerschaft aufgebaut habe, um das Wissen aus verschiedensten (Fach-) Bereichen zu kumulieren und eine ganzheitlichere Sicht auf alles zu haben, was eine Schwangerschaft so mit sich bringt.

Es gibt nicht die eine Wahrheit, die alle anderen Behauptungen und Empfehlungen unter den Tisch fallen lässt. Jeder Weg, jede Schwangerschaft und jede Frau sind individuell und daher wünsche ich mir, dass du dieses Buch als Inspiration siehst. Es ist ein großer Blumenstrauß, aus dem du dir das herausziehen darfst, was zu dir passt. Hinterfrage ruhig kritisch, ob du die Erkenntnisse und Ansätze teilst und höre in dich hinein, ob sich der Vorschlag wirklich gut für dich anfühlt. Es ist die subjektive Wahrnehmung meiner Person, im Austausch mit vielen anderen sportlichen Müttern und kombiniert mit wissenschaftlich fundierten Erkenntnissen. Kurz: Es ist meine Geschichte! Und daher freue ich mich umso mehr, dass du bereit bist, sie zu lesen und wir uns hier treffen.

Mein Ziel mit diesem Buch ist, dir als Sportlerin, gleich welcher Sportart, Mut zu geben, trotz Kind auch weiterhin sportlich erfolgreich zu sein. Dir außerdem einige Fragen zu beantworten, die Menschen mit wenig sportlicher Betätigung nicht gut nachvollziehen können und dir aus meiner Erfahrung heraus die Chancen zu verbildlichen, die eine Schwangerschaft auch mit sich bringen kann. Der Aufbau dieses Buches soll den aktuellen Stand der Wissenschaft und Forschung mit persönlichen Erzählungen und Erfahrungen zusammenbringen. Die Kapitel sind nach dem Verlauf einer Schwangerschaft geordnet, beginnen mit einfach erklärten Fakten und sind gefolgt von meiner persönlichen Einschätzung als Frau, Mutter und Personal Coach. Somit lade ich dich dazu ein, dieses Werk zu nutzen, um das übliche „Hören und Sagen" durch fundiertes Wissen besser einordnen zu können und darüber hinaus dein Vertrauen in deinen Körper und zu deinem Kind weiter aufzubauen.

Ich wünsche dir viel Spaß beim Lesen!

Franziska Piel

Ein paar Worte zu mir –
und die Verbindung zu dir!

Niemals habe ich daran gezweifelt, einmal Mutter zu sein. Es gab für mich keine Alternative. Ich selbst war gerne Kind, hatte Eltern, die mich liebevoll großzogen und mich dabei auch wirklich haben Kind sein lassen. Heute, durch den Einfluss der Medien, frühzeitige Reifeprozesse und fragwürdige Vorbilder, ist es keine Selbstverständlichkeit mehr, einfach nur Kind sein zu dürfen. Ich spielte damals mit meinen Puppen, als wären sie meine eigenen Kinder und malte mir aus, wie meine Kinder wohl später einmal heißen würden. Ich hatte ein paar wenige Freundinnen, die bei der Frage nach Nachwuchs fast schon angewidert die Nase rümpften und eine Grimasse zogen. Mir ging es nicht so. Ganz im Gegenteil, wenn mich andere Menschen fragten, wie es mit Kindern aussähe, zuckte ich lächelnd die Schultern und entgegnete: „Bestimmt, irgendwann einmal!"

Und genau hier fängt es an: „Irgendwann einmal." Doch wann ist das denn? Ist das ein bestimmter Zeitpunkt, ein Gefühl, das mir sagen wird: „Jetzt! Jetzt ist es so weit?" Diese Frage nach dem „Wann?" drängte sich mit zunehmendem Alter mehr und mehr auf.

Doch nochmal ein paar Jahre zurück. Geboren bin ich 1987 in Frankfurt am Main als erste und einzige Tochter meiner damals Mitte 30-jährigen Eltern. Aus Erzählungen meiner Familie weiß ich, dass ich ein unkompliziertes Kind war. Als Baby schlief ich viel, beobachtete die Welt um mich herum und muckste nur kurz auf, wenn ich Hunger hatte. Ich lächelte viel und konnte mich auch über einen gewissen Zeitraum gut allein beschäftigen. Meine Eltern nahmen mich überall mit hin, achteten nur stets darauf, dass ich meinen Essens- und Schlafrhythmus beibehielt. Sie fuhren weiterhin in den Urlaub, sportelten und unternahmen generell viel – ich war eben einfach mit dabei. Ebenso reibungslos verlief meine Kindheit. Noch im Kindergartenalter begann ich mit verschiedenen Sportarten, liebte es, mich zu bewegen und entwickelte aufgrund frühzeitiger sportlicher Erfolge recht schnell eine ausgeprägte Leistungsbereitschaft.

Den ersten sportlichen Tiefpunkt erlebte ich mit 17 Jahren, als ich mir während eines Handballspiels meine Schulter stark verletzte, sodass ich nach einem sofortigen operativen Eingriff und einer langen Rehabilitationsphase nicht wieder spielen konnte. Das war damals der erste wirkliche harte Schlag. Eine Sportart aufgeben zu müssen, die ich so sehr liebte.

Ich brauchte also etwas Neues, wobei ich durch Wettkämpfe meine Leistung messen konnte, eine Sportart, die ich trotz Schultereinschränkungen ausführen und gleichzeitig lieben würde. Der Zeitpunkt kam, als ich mit meinen Eltern 2005 nach Hawaii flog, da sich mein Vater für die Ironman Championships qualifiziert hatte. Es war ein Spektakel. Dieser exotische Lifestyle, so viele Extremsportler auf einmal und die Wirkung dieses Zusammenhalts in der Triathlon-Szene faszinierten mich. Das wollte ich auch! Ich bekam ein Rennrad, lernte richtig zu schwimmen und gewöhnte mich daran, mehr als 10 km am Stück zu laufen. Anfänglich war es neu und daher interessant. Ich glaubte wirklich, eine neue Leidenschaft entdeckt zu haben. Wenn ich mir etwas in den Kopf setze, dann kann es meist nicht schnell genug gehen. Und so war es auch mit dem Triathlon. Ich meldete mich für die ersten Rennen an, damals olympische Distanz, heute Sprintdistanz, und sammelte Erfahrungen mit Trainingsbedarf, „Pacing" und Durchhaltevermögen. Allerdings strengte mich im Triathlon subjektiv betrachtet alles an, vor allem das Radfahren. Schnell verlor ich die anfängliche Freude daran, fand es cool, einen ambitionierten Trainingsplan zu verfolgen, doch jede längere Radeinheit auf dem Plan bereitete mir Tage zuvor schon Bauchschmerzen. Leider waren meine Leistungen nur Mittelmaß. Nicht schlecht, aber eben auch nicht gut. Doch ich kannte dieses Mittelmaß nicht. Bislang war ich immer in allem gut! Warum auf einmal nicht mehr? Ich lernte andere Sportlerinnen in meinem Alter kennen, die sich trotz Ermüdung auf jede einzelne Trainingseinheit freuten und dann auch noch außerordentliche Platzierungen in den Rennen einfuhren. Wie war das möglich? Ich trainierte doch auch hart. So schwanden nach und nach der Spaß, die Freude und die Motivation am Triathlon. Doch auch das wollte ich nicht einsehen und trainierte weiter. Über meine Grenzen hinaus, ohne Rücksicht auf Verluste. Durch meine Anmeldung zum Ironman Frankfurt 2009 wollte ich es nicht nur mir selbst, sondern allen anderen beweisen, was für eine gute Sportlerin ich doch war. Wie schon erwähnt, mein Selbstwertgefühl war nicht besonders groß und ich musste mir Anerkennung und Wertschätzung von außen holen. Zumindest meiner heutigen Reflektion nach zu urteilen. Am Wettkampftag des Ironman Frankfurts kam es dann zum zweiten Tiefpunkt. Wie erwartet und, wie man unter Triathleten so schön sagt, sollte es ein Tag werden, den ich nie vergessen würde. Dieser Tag war es definitiv. Schon nach gut der Hälfte der Radstrecke war ich körperlich am Limit. Mir taten die Beine weh, der Bauch krampfte und ich verspürte eine latente Übelkeit. Im Grunde befahl mir damals mein Körper, auf ihn zu hören und den Wettkampf zu beenden. Doch „aufgeben" gab es weder in meinem Vokabular noch in meinen Gedanken. Es ging weiter. Den Marathonlauf durchstand ich in einer Art Trance und erreichte schließlich die Ziellinie. Ich durfte mich offiziell zu den Finishern zählen. Leider konnte ich das erlösende Gefühl über das Ende einer langen zehrenden Zeit nicht genießen. Nach einer Woche unter Schmerzen und völliger Erschöpfung kollabierte ich während einer Vorlesung. Es passierte einfach so. Plötzlich hatte ich das Gefühl, die Kontrolle über mich und meinen Körper zu verlieren. Als würden sich Wattebällchen in meinem Kopf ausbreiten und meine Beine nicht mehr zu mir gehören. Nach zwei aufregenden Tagen in der Klinik wurde ich ohne Befund wieder entlassen. Diese „Attacken" blieben jedoch. Sie kamen, wann sie wollten, von einer Sekunde auf die andere. Für mich war das so schlimm, dass ich mich schon gar nicht mehr traute, irgendwo hinzugehen oder allein zu trainieren. Ich hatte das Gefühl, meinen Körper nicht mehr kontrollieren zu können und dazu eine wahnsinnige Angst. Angst vor der Ohnmacht, dem Zusammenbruch, der Aussichtslosigkeit, der Zukunft, der Leere, Angst vor dem Tod. Selbst heute, beim Schreiben dieser Worte klingen sie in meinen Ohren krass und übertrieben. Doch genau so waren die Gefühle und Gedanken. Unrealistisch, unnachvollziehbar und abwegig.

Es folgten Arztbesuche hier und da, Entspannungsrituale, Bücher, die ich las, weil ich dachte, damit sei mir geholfen. Dem war nicht so. Erst über die Zeit hinweg lernte ich, mit diesen Angstattacken umzugehen, mich in andere Zustände zu versetzen und genauer in mich hineinzuhören.

Überwunden habe ich diesen Tiefpunkt nur mit der Zeit, durch Hilfe und durch den Versuch, mich selbst kennenzulernen. Dabei spielte der Sport immer eine der größten Rollen, aus Liebe zur Bewegung, dem Körpergefühl und meinem Wettkampfcharakter. So schloss ich mein Studium der Sportökonomie ab, erwarb eine Vielzahl an Trainerlizenzen und fand eine Sportart für mich selbst, die mir wirklich Spaß machte, die mich bis heute im positiven Sinne herausfordert und bei der ich endlich auch aus tiefstem Herzen heraus sagen kann, dass mir jede einzelne Trainingseinheit Spaß und Freude bereitet. Es ist eine Sportart, die schon im Namen selbst zwei Komponenten vereint, mit denen ich mich identifizieren kann: „Cross" für die Vielfältigkeit der Bewegungsarten und Trainingsformen und „Fit" für die körperliche und mentale Fitness. CrossFit und daraus abgewandelte Wettkampfsportarten geben mir bis heute die Möglichkeit, frei, flexibel und unterschiedlich intensiv zu trainieren und Wettkämpfe zu bestreiten, an denen ich mich mit mir selbst und anderen messen kann. Das treibt mich an und motiviert mich! Darüber hinaus habe ich angefangen, regelmäßig zu meditieren und meine Atmung zu kontrollieren, habe einige Workshops zur Persönlichkeitsentwicklung besucht, selbst eine Coachingausbildung gemacht und über die Jahre meine Leidenschaft zum Beruf werden lassen. Als Group

Fitness, Fitnesscoach und Personal Trainerin kann ich nun die Erfahrung aus meiner eigenen sportlichen Karriere, kombiniert mit meinem sport- theoretischen Wissen, an andere Menschen weitergeben. Im Jahre 2015 habe ich mein eigenes Unternehmen „Heldentraining" gegründet und begleite Menschen in den Bereichen Körper, Biochemie und Psyche auf ihrem Weg zum Erfolg. Heute kann ich sagen, dass ich glücklich mit meinem Werdegang bin und alles, was ich tue, gerne tue. Es war ein längerer und holpriger Weg, doch rückblickend möchte ich keine Phase oder keinen Moment dieses Weges missen. Alles, was geschehen ist und alle Entscheidungen, die ich getroffen habe, haben mich hierhergeführt, wo wir uns gerade begegnen und mich zu dem Menschen gemacht, der ich bin. Und genau dieser Mensch hat dieses Buch geschrieben, mit einer Note persönlicher Einstellung und Erfahrung, gepaart mit wissenschaftlichen und medizinischen Fakten, sodass ich mir wünsche, dich an mancher Stelle motivieren, inspirieren und vorbereiten zu können, dich aber auch bitte, nie zu vergessen, dass es nicht den einen richtigen Weg gibt, sondern viele verschiedene, mit noch mehreren Abzweigungen. Und so darfst du alle Inhalte beliebig (ver-)werten.

Aber was hat nun meine Geschichte mit dem eigentlichen Thema dieses Buches zu tun? Nämlich der Herausforderung und Besonderheit einer Sportlerin in der Schwangerschaft?

Auf den ersten Blick sicherlich nichts, und doch verspreche ich dir, es hat viel damit zu tun, denn alles dreht sich um „uns". Wie wir als Sportlerinnen mit dem Thema Schwangerschaft umgehen, was uns unter Druck setzt, welche mentalen Hürden wir nehmen müssen, auf was wir gegebenenfalls verzichten sollten, wie wir uns dabei selbst treu bleiben und vor allem unsere Sportroutine und Ambitionen beibehalten, sowohl für den Kopf als auch den Körper.

Daher lass uns doch ganz von vorne beginnen und ein paar typische Situation vor, während und nach der Schwangerschaft, gemeinsam betrachten.

Sport und Schwangerschaft –
passt das zusammen?

Sport und Schwangerschaft sind zwei große Themenbereiche, die auf den ersten Blick nicht gut zusammenpassen. Dicker Bauch, Trägheit, physische und psychische Veränderungen auf der einen Seite – Motivation, Disziplin und Lernbereitschaft für körperliche Anstrengungen auf der anderen Seite – widerspricht sich das nicht? Vermutlich widmest du dich genau deshalb diesem Buch, um für dich eine taugliche Lösung zu finden, diese zwei Bereiche erfolgreich zusammenzubringen. Obwohl wir gleich viel weiter vorne anfangen, bevor wir dann später zu den genaueren Trainingsmethoden und Sportarten kommen, möchte ich gerne eine kurze Zusammenfassung vorwegnehmen.

Die Ausübung von Sport in der Schwangerschaft führt immer wieder zu Verunsicherungen und Fragen, wie „Was kann ich? Was darf ich? Was soll ich?" Lange Zeit war man der Ansicht, dass sportliche Betätigung in der Schwangerschaft für die Schwangere und deren Ungeborenes negative Auswirkungen haben könnte. Diese Ansicht hat sich jedoch in den letzten Jahren deutlich geändert.

Frauen, wie vielleicht auch du, die bereits vor der Schwangerschaft regelmäßig trainiert haben, möchten ihre körperliche Fitness und ihren sportlich geprägten Lebensstil während der Schwangerschaft nicht verlieren. Vor allem Leistungssportlerinnen wollen ihr Training möglichst lange fortführen, um die sportliche und berufliche Karriere auch nach der Schwangerschaft fortsetzen zu können. Aber auch bisher weniger sportliche Frauen entwickeln vermehrt in der Schwangerschaft ein ausgeprägtes Gesundheitsbewusstsein mit dem Wunsch, sich gesund zu ernähren und sportlich zu betätigen.

Oftmals lauten die Empfehlungen seitens der Ärzte, der Hebammen oder anderen Experten: „Mach alles, was dir gut tut." Diese Aussage ist jedoch sehr pauschal und gleichzeitig kritisch zu betrachten, denn auf der einen Seite gibt es Frauen, die vor der Schwangerschaft sehr ambitioniert Sport betrieben haben, hohe Belastungen gewohnt sind und viel aushalten, was bei unveränderter Fortführung durchaus zu Überlastungen und langfristigen Schäden beim Kind führen könnte und auf der anderen Seite Frauen, die den Sport rein aus Vernunftgründen betreiben und nach dem Minimalprinzip leben, was wiederum für eine Aufrechterhaltung der Gesundheit während der Schwangerschaft zu wenig sein könnte. So stellt sich die Frage, welche Sportarten oder Disziplinen mit welcher Intensität und Häufigkeit betrieben werden können, ohne sich selbst sowie die Entwicklung des Kindes zu gefährden.

Sicher ist, die Schwangerschaft als besondere Lebensphase bewirkt verschiedene Umstellungen im weiblichen Organismus. Es kommt zu Veränderungen am kardiovaskulären und respiratorischen, hormonellen System, Umstellungen des Stoffwechsels sowie Anpassungen am Muskel-Skelettsystem. Nicht zu unterschätzen sind außerdem die emotionalen und psychischen Adaptionen, die sich auf dein Sportverhalten und deinen Körper auswirken können.

Um dich jetzt nicht allzu lange auf die Folter zu spannen und die wichtigste Frage vorab zu beantworten, möchte ich vorwegnehmen, dass trotz aller Diskussionen und Fragezeichen aus medizinischer und wissenschaftlicher Sicht ein moderates Training zum Erhalt physischer und psychischer Fitness unter Berücksichtigung allgemeiner Trainingshinweise, Vorsichtsmaßnahmen und Kontraindikationen wünschenswert ist. Durch ein regelmäßiges modifiziertes Training kann schwangerschaftsbedingten Erkrankungen wie Gestationsdiabetes, Übergewicht, Hypertonie, Thrombosen, Ödemen, o. ä. vorgebeugt werden.

Sportlerinnen orientieren sich gerne an Zahlen, Daten und Fakten. Gemeint sind damit konkrete Hinweise zu quantifizierbaren Parametern wie Pulsbereiche, Blutdruck, Atemfrequenz, Körpertemperatur, Zeit, Häufigkeit und Umfang – belegt durch neueste wissenschaftliche Erkenntnisse und Erfolgsberichte. Doch neben diesen „Hardfacts" beeinflussen noch andere Dinge deine Leistungsfähigkeit in der Schwangerschaft. Emotionale Vorgänge, körperliche Veränderungen, Schmerzen und Symptome im weitesten Sinne und andere Einschränkungen, die vielleicht durch externe Bestimmungen gegeben sind. Daher geht es in den folgenden Kapiteln nicht nur um den Sport selbst, sondern eben auch um die „Softfacts", die gegebenenfalls zu einer sportlichen Stagnation, im besten Fall zu einer Vermeidung dieser Stagnation führen können – kurzum, es geht um deinen Erfolgsweg.

Und dieser Weg beginnt nicht erst mit bereits wachsendem Babybauch, sondern schon lang vorher, bei der Überlegung, ob und wann du Kinder bekommen möchtest.

Veränderungen und Verzicht in der Schwangerschaft

„Was musst du aus deinem bisherigen Leben aufgeben, wenn du schwanger bist?" Allein die Frage klingt dramatisch, fast schon wie ein Schicksalsschlag. Jedoch habe ich diese Frage bewusst gestellt, denn im Dialog mit unserem eigenen Ich sind wir selten gnädig und nehmen kein Blatt vor den Mund. Vor allem mit dem eigenen Körper gehen Frauen hart ins Gericht, denn der vermeintliche Standard der weiblichen Schönheit ist sehr hoch. So geben wir uns selten zufrieden mit dem, was wir haben. Hin und wieder neigen wir dazu, zu dramatisieren und die Realität schlechter zu reden, als sie ist. Die Perspektive richten wir dabei auf uns selbst, im Kontext zu unserer Umgebung. Klingt egoistisch? Ist es auch, doch wer behauptet, dass Egoismus etwas Negatives ist?

Die moderne Evolutionstheorie besagt, dass alle Lebewesen, einschließlich der Mensch, von Natur aus egoistisch sind. Sie sind an ihrem eigenen Überleben interessiert. Dazu benötigen sie Ressourcen und stehen automatisch im Wettbewerb mit ihren Artgenossen. Bei uns Menschen sind das Ressourcen wie unter anderem unsere Grundbedürfnisse, ein Job, der uns das nötige Kleingeld liefert, Erfolg um Anerkennung, Bedeutung und Aufmerksamkeit zu erlangen, Liebe, Familie und Gesundheit. Und das wollen wir doch alle! Was passiert also? Viele Tierarten, und auch wir Menschen, schließen sich zu Gruppen zusammen, kooperieren und helfen sich gegenseitig. Dieses Verhalten ist altruistisch. Ganz nach dem Motto: Gemeinsam sind wir stärker. Doch dieses Verhalten beruht auf Gegenseitigkeit. Bin ich hilfsbereit, profitiere ich selbst irgendwann davon, wenn mir im Gegenzug einmal geholfen wird. Wir kommen also immer wieder darauf zurück, dass für uns unser eigenes Handeln im Vordergrund steht. So der Ansatz des psychologischen Egoismus. Ganz ohne negative oder böse Absicht. Unser gesamtes Verhalten zielt demnach darauf ab, zunächst unser „Überleben" bzw. im übertragenen Sinne unser Glück und unseren Erfolg zu sichern.

Wozu nun dieser kleine Exkurs in die Evolutionstheorie? Es geht noch immer um die Frage, was du von deinem bisherigen Leben aufgibst, wenn du schwanger wirst. Oder musst du vielleicht gar nichts aufgeben, sondern nur manche deiner Einstellungen verändern?

Um dieser Frage auf den Grund zu gehen, lohnt es sich, dich einmal mit deinen Werten und Glaubenssätzen zu beschäftigen. Hast du dir schon einmal Gedanken über deine Werte gemacht? Denn um zu wissen, auf was du verzichten musst oder was sich an deiner Lebensweise verändert, solltest du wissen, was dir wichtig ist, woran du glaubst und was du in deiner Wertehierarchie verschieben könntest. Denn wir sind zwar anpassungsfähig und können uns schnell neue Verhaltensweisen aneignen, doch wenn diese Verhaltensweisen im Widerspruch mit anderen Dingen stehen, die uns wichtig sind, entsteht ein innerer Konflikt. Wir werden inkongruent, sind unzufrieden und „tappen auf der Stelle". Es lohnt sich daher, immer wieder in eine Selbstreflexion zu gehen und dich zu fragen, was du willst, an was du glaubst und auf was du verzichten kannst.

Es gibt keine stärkere steuernde Kraft für menschliches Verhalten als den Glauben. Wenn wir unser Verhalten ändern wollen, müssen wir mit unserem eigenen Glauben beginnen. Mit dem „Glauben" ist nicht unbedingt die Zugehörigkeit zu einer Religion gemeint, sondern der Glaube ist nichts anderes als ein Zustand, eine starke internale Repräsentation, die unser Verhalten bestimmt. Diesen Glauben können wir selbst wählen. Wir können frei aussuchen, welcher Glaube bzw. welche Glaubenssätze uns weiterbringen und zum Erfolg führen, und welche wir aufgeben, weil sie uns beschränken oder lähmen. Aus diesem Glauben entstehen Werte.

Werte sind unsere persönlichen Überzeugungen darüber, was wir für wichtig halten. Persönliche Zufriedenheit und Harmonie – im weitesten Sinne Glück – beruhen auf der Übereinstimmung zwischen unserem Verhalten und unseren Werten. Sie sind erstrebenswerte, moralisch oder ethisch als gut befundene spezifische Wesensmerkmale – Liebe, Ehrlichkeit, Dankbarkeit, Vertrauen, Loyalität, Disziplin, Willenskraft, Zuverlässigkeit, Mut, Gelassenheit, Freude, Vergnügen, Schönheit, Kreativität, etc. –, die unseren gesamten Lebensstil beherrschen. Werte geben unserem Dasein einen Sinn. Und das Leben nach seinen eigenen Werten, dieses sinnvolle Tun, brauchen wir Menschen wie die Luft zum Atmen. Sie geben uns das Gefühl, zu leben, gebraucht zu werden und wichtig zu sein. Unsere persönlichen Werte entstehen größtenteils durch unser soziales Gefüge, aber es gibt auch eine genetische Komponente, Werte also, die in uns wortwörtlich programmiert sind.

Aus bevorzugten Werten entstehen Denkmuster und Glaubenssätze, wie der Name schon sagt, Sätze, an die du glaubst. Dabei gibt es positive und negative Glaubenssätze, die je nach Charaktereigenschaft unterbewusst unser Verhalten bestimmen.

Hier ein paar Beispiele:

„Andere Menschen lieben mich so, wie ich bin."

„Erfolg ist fester Bestandteil meines Lebens."

„Ich kann alles schaffen, was ich mir vornehme."

„Es wird alles gut."

„Ich bin es wert, geliebt zu werden."

„Ich mache Fehler, um daraus zu lernen."

> „Ich habe immer nur Pech."
>
> „Ich kann das nicht."
>
> „Ich bin nicht schön genug, um geliebt zu werden."
>
> „Alle anderen sind erfolgreicher als ich"
>
> „Alles, was ich beginne, ist zum Scheitern verurteilt."
>
> „Heute ist ein schlechter Tag."
>
> „Sobald jemand um mich herum krank ist, werde ich auch krank."

Inwieweit unterscheiden sich die Sätze in den Kästen?

Einmal sind es positive Glaubenssätze, einmal sind es negative. Dabei spielt dein Unterbewusstsein eine große Rolle. Denn dein Verhalten richtet sich danach aus, was dein Unterbewusstsein dir sagt. Wenn du dir sagst, dass du etwas nicht kannst, wirst du es auch nicht können, da es für dein Gehirn gar nicht die Option gibt. Es gibt nur die Option „scheitern".

Um dir nun darüber klar zu werden, wie es um dein momentanes Mindset steht, erfülle folgende Aufgaben:

1. Mache dir eine Liste mit deinen bedeutendsten Glaubenssätzen. Wenn sie dir bisher noch nicht bewusst waren, probiere herauszufinden, welche Sätze du dir selbst in verschiedenen Situationen immer wieder sagst. Nach welchen Sätzen du handelst oder welche dir ins Gedächtnis kommen, wenn du andere Menschen beobachtest.

....

....

....

....

....

....

....

....

....

....

....

....

....

2. Kategorisiere nun farblich deine Glaubenssätze in Fülle und Mangel. Also jene, die dich positiv beeinflussen und antreiben, und jene, die dich einschränken oder daran hindern, dich vollständig zu entfalten.

3. Im letzten Schritt nimmst du dir deine Liste der negativen Glaubenssätze vor und versuchst, ihnen einmal etwas Positives abzugewinnen, sie also in ein positives Denkmuster umzuwandeln.

....

....

....

....

....

....

....

....

....

....

....

....

Hier ein paar Beispiele:

- *„Ich kann das nicht."* – *„Bisher hat es noch nicht geklappt, aber ich werde es wieder probieren. Bald wird es mir sicher gelingen!"*

- *„Ich bin nicht schön genug, um geliebt zu werden."* – *„Ich bin eine einzigartige Frau und bin es wert, geliebt zu werden!"*

- *„Alle anderen sind erfolgreicher als ich"* – *„Erfolg ist für jeden etwas anderes. Ich orientiere mich an Menschen, die ich als erfolgreich erachte und analysiere ihr Handeln, um mein Handeln ihrem anzupassen. Es gibt nichts, was ich nicht erreichen kann!"*

Wann immer nun diese negativen Glaubenssätze deine Gedanken beherrschen, schiebe ihnen bewusst den Riegel vor und sprich dir selbst deine neuen Glaubenssätze laut vor. Wiederhole die Sätze am besten mehrere Male hintereinander.

In der zweiten Aufgabe geht es um deine Werte.

1. Schreibe dir auf, welche Werte (welche Eigenschaften oder Themen) dir am Herzen liegen. Wenn dir noch nicht viele Werte einfallen, kannst du gerne auch einmal im Internet nach Werten suchen. Bleibe bei jedem Wert gedanklich hängen und beobachte, welche Emotion sie in dir hervorrufen. Lassen sie dich wortwörtlich kalt und sie beginnen nicht in dir zu schwingen, sprechen sie dich eher weniger an. Werte, die mit starken Gedanken, Wünschen, Gefühlen etc. verknüpft sind, scheinen dir wichtig zu sein. Schreibe mindestens 10 deiner wichtigsten Werte auf.

....

....

....

....

....

....

....

....

....

....

....

....

2. Im nächsten Schritt versuche, sie nach der Wichtigkeit zu ordnen. Das schaffst du, indem du dir zwei Werte nimmst, sie gedanklich vergleichst und beobachtest, welchem der beiden Werte du mehr Priorität zuweist. Das machst du mit allen Werten und verschiedenen Kombinationen. So kommst du schon bald zu deiner eigenen Wertehierarchie, die all deinem Handeln einen Sinn gibt.

1. ....

2. ....

3. ....

4. ....

5. ....

6. ....

7. ....

8. ....

9. ....

10. ....

3. Zuletzt überlege dir gründlich, was zu dem jeweiligen Wert alles dazugehört. Du gibst ihm damit Form und Farbe, kannst ihn besser fassen, verstehen und einordnen.

Beispiel: Einer meiner höchsten Werte ist die Gesundheit. Gesundheit bedeutet für mich die Abwesenheit von Krankheiten, Schmerzen oder Unwohlsein, meine beste Version meines eigenen Körpers zu sein, energiegeladen und lebensfroh zu sein und sorgenfrei durch das Wohlergehen meiner Familie. Dazu gehört, dass wir uns gesund ernähren, uns viel bewegen, eine gute Körperhygiene betreiben und in einem sauberen Umfeld leben, wir regelmäßig Kontrolluntersuchungen durchführen lassen und offen über unsere Empfindungen sprechen. Solange es keinen Grund gibt, sich um meine Gesundheit oder die meiner Familie zu sorgen, geht es mir gut und ich kann mich auf andere Werte fokussieren, wie Gemeinschaft, Liebe, Erfolg, Disziplin, Sicherheit und Freiheit.

Sei dir bewusst darüber, dass du deine persönliche Wertehierarchie jederzeit verändern kannst. Bestimmte Werte können nach oben rutschen, andere weiter nach unten. So ergibt sich dein Handeln.

Jetzt kannst du dich erfolgreich deiner Ausgangsfrage widmen. Dein Wert auf Rang 1 hat für dich die größte Bedeutung. Du hast Situationen und Ereignisse im Kopf, wie du diesen Wert bisher gelebt hast. Nun kann es sein, dass dir es schwerfällt, diesen bestimmten Lebensstil aufzugeben oder zu verändern. Das Schöne ist, du musst diesen Wert nicht aufgeben. Wie du vielleicht gerade merkst, ist dieser Wert bei dir von Erfahrungen, Handlungen und Ereignissen geprägt. Genauso wie du für dich diesen Wert definierst, so macht dich der Wert auch aus. Um auch weiterhin an ihm festzuhalten und dich nicht gegen deinen Willen zu verstellen, denke nun eher darüber nach, wie du ihn noch vielfältiger definieren kannst und Lösungen findest, wie du ihn auch mit Kind weiterhin leben kannst. Denke immer daran, alles ist möglich. Das WIE macht es aus. Dabei kannst du sehr kreativ sein.

FAZIT

Du musst aus deinem Leben vor der Schwangerschaft erst einmal gar nichts aufgeben! Ausnahmen sind natürlich Extremsituationen. Meist sind es eher deine Einstellungen zu bestimmten Gewohnheiten und Vorlieben, die du lediglich ein wenig verändern kannst. Alles, was du gerne tust und alle Ziele, die du verfolgst, kannst du auch mit Kind erreichen. Es ist wichtig, dass du dir selbst gegenüber treu bleibst und auf deine eigenen Bedürfnisse achtest. Die meisten Aktivitäten und auch Lebensstile lassen sich auch hervorragend mit Kind durchführen. Es bedarf sicherlich ein wenig mehr Planung und Organisation hinsichtlich Aufsichtspersonen, Unterstützung und Zeitmanagement, doch da du dir über deine höchsten Werte bewusst bist, wirst du auch die Energie haben, Lösungen für ihre Umsetzung zu finden.

Was habe ich aus meinem bisherigen Leben mit Beginn meiner Schwangerschaft aufgegeben?

Wirklich aufgegeben habe ich nichts. Es gab Phasen, in denen ich hier und dort etwas kürzertreten musste, doch die gingen schnell vorüber. Meine größte Angst zu Beginn der Schwangerschaft war, dass ich mit deren Verkündung meinen Expertenstatus im beruflich-sportlichen Bereich, sowie auch die Wertschätzung als ambitionierte Sportlerin verlieren würde. Das hätte zur Folge gehabt, dass ich weniger oder gar nicht mehr als Referentin, Influencerin oder Coach für Functional- und Personal-Training gebucht worden wäre. Nicht nur karrieretechnisch und finanziell wäre das ein Desaster gewesen, sondern vor allem psychisch. Es hatte für mich den Beigeschmack, dass meine Zeit als vorbildliche Sportlerin abgelaufen wäre und mir den Stempel der sich allmählich zur Ruhe setzenden Mutter aufgedrückt hätte, die sich von nun an nur noch um Kind, Familie und Mama-Workouts kümmern würde. Woher diese Angst kam, kann ich gar nicht genau sagen, doch damit verbunden befürchtete ich, dass ich mir etwas Neues suchen müsste. Heute kann ich sagen, all das ist niemals eingetreten. Ganz im Gegenteil. Ich durfte fast ausschließlich positive, unterstützende Reaktionen auf die Mitteilung meiner Neuigkeiten erfahren. Sowohl Familie und Freunde, Kollegen als auch Auftraggeber freuten sich mit mir, erkundigten sich nach meinem Befinden und fragten mich schon bald, wann ich wieder gedenke, einsetzbar zu sein. Für mich nach all den anfänglichen Sorgen sicherlich eine der größten Überraschungen der Schwangerschaft.

Was ich kurzzeitig aufgab, ist meine Leistungsorientierung und meine tägliche Arbeit an (m)einem Idealkörper, die ich wohl oder übel mein ganzes Leben lang leisten werde, da ich einfach nicht mit Top-Genen ausgestattet wurde und für mich hin und wieder Essen und Trinken einfach ein Genuss ist, welcher zu meinem Leben dazugehört – zum Leidtragen meiner Figur! Ich wusste, dass für die nächsten Monate die Natur gegen mich spielen und auch gewinnen würde. Dennoch trainierte ich weiter, bewegte mich viel, ernährte mich (hauptsächlich) gesund und versuchte so, einen größeren „Schaden" zu umgehen, was mir auch gut gelungen ist. Die Trainingsintensität und -dauer musste ich mit der Zeit herunterschrauben und mich damit zufriedengeben, auch mal nur 20 Minuten pro Tag sportlich aktiv zu sein.

Ich schaute mich nicht mehr täglich kritisch im Spiegel an und suchte nach mangelhaften Körperpartien und Speckröllchen. Es hatte ohnehin keinen Sinn. Mein Bindegewebe wurde weicher, die Muskelmasse nahm ab und der Babybauch wuchs. Was hätte ich tun sollen? Irgendwie war es sogar richtig erleichternd, eine Zeit lang einfach Tag für Tag anzunehmen, was automatisch passierte.

Selbstverständlich musste meine Wettkampfplanung pausieren. Einen Wettkampf in der Schwangerschaft kann ich wirklich nicht empfehlen und habe auch nie darüber nachgedacht, noch in den ersten Monaten an irgendeinem Event teilzunehmen. Der Körper hat zu dem Zeitpunkt eine andere Aufgabe, selbst wenn es vom Gefühl her noch ginge! Ich steckte mir das Ziel, in der darauffolgenden Saison langsam wieder einzusteigen, und zwar schnellstmöglich, aber erst dann nach der Geburt mit dem richtigen Training wieder zu beginnen, wenn mein Körper sich von der Schwangerschaft und der Geburt erholt haben würde.

Außer meiner gewohnten Art zu trainieren, der Teilnahme an Wettkämpfen und meiner Referententätigkeit verzichtete ich letztendlich auf nichts. Freizeittechnisch gab es bis zum Schluss der Schwangerschaft gute Alternativen, das leicht veränderte Ernährungsverhalten machte mir nichts aus, ließ mich eher kreativer werden und neue Speisen und Getränke ausprobieren und meine geliebten Reisen unternahm ich trotz Schwangerschaft.

Am Ende ist die Frage des Verzichts auch nur die Reaktion auf das Neue, auf die plötzliche Veränderung der Lebensumstände und den Gedanken daran, wie es danach sein würde. Dennoch darf das Schöne überwiegen und das ist die Freude auf dieses kleine Wunder in dir. Die Vorfreude auf gemeinsame Aktivitäten und ein Leben mit Kind, nicht um das Kind herum. Doch all diese Fragen und Gedankenkreise gehören zum normalen Prozess der Schwangerschaft und deiner reifenden Rolle als Mutter dazu und das darf auch alles so sein.

Der Umgang mit Terminen und Events

Gerade wir Sportlerinnen haben in der Regel einen gefüllten Terminkalender. Wir haben eine Leidenschaft und diese hat oberste Priorität, nämlich der Sport. Dazu gehören die verschiedenen Jahresziele, Wettkämpfe, Rennen, Höhepunkte oder Deadlines unserer Bemühungen. Außerdem Trainingslager, Sportreisen, Wochenendveranstaltungen und Events. Und dann natürlich alle einzelnen Trainingseinheiten, die wir mehrmals wöchentlich planen und auch ausnahmslos absolvieren möchten. Da kommen schon einige Kalendereinträge zusammen.

Zudem gibt es eine besondere Charaktereigenschaft bei uns, die wir uns gemeinsam mit dem Ehrgeiz und der Zielorientierung aneignen und die sich auf andere Bereiche unseres Lebens überträgt. Die Disziplin. Die meisten Sportler/innen haben im Laufe ihrer Sportkarriere gelernt, dass sich Fleiß und Anstrengung auszahlen. Jeder hat einen inneren Schweinehund, den es zu überwinden gilt, mal stärker, mal schwächer. Nicht immer durchleben wir ein „Motivationshoch". Dennoch können wir uns selbst antreiben, uns herausfordern und uns bis an unsere Grenze quälen. Wir tun das, weil wir wissen, dass wir mit jedem Versuch lernen und stärker werden, weil wir an unseren Erfolg glauben und im wahrsten Sinne des Wortes gegen uns selbst und andere gewinnen möchten.

Haben wir einmal unser diszipliniertes Verhalten verinnerlicht, überträgt es sich meist auf andere Bereiche, wie das Einhalten unseres Tagesrhythmus, unseren Job und unseren Lifestyle. Ganz gleich, ob es sich dabei um Ernährung, Hygiene, Gesundheit oder beispielsweise das Erlernen eines Instrumentes geht. Auf der einen Seite bringt uns die Disziplin schneller voran und hebt uns von weniger disziplinierten oder zielstrebigen Menschen ab. Andererseits setzen wir uns damit jedoch selbst unter Druck, wollen alles auf einmal schaffen und es möglichst vielen Menschen um uns herum recht machen. Wir sind es gewohnt, lange im Voraus zu planen, was uns wiederum in mancher Situation unflexibel macht, da wir unseren Fokus im Moment der Planung zu 100% auf das gewünschte Ergebnis gerichtet haben. So empfinden wir Stress oder Niederlage, wenn unser Plan nicht aufgeht.

Da wir als Sportlerinnen gewohnt sind, zu planen und zu strukturieren, befindet sich die Füllung unseres Jahreskalenders also in einem „ongoing-process" und lässt wenig Platz für schwangerschaftsbedingte Auszeiten oder Änderungen. Ist es nicht so? Ist nicht dein Jahr zumindest schon grob geplant? Vielleicht sogar das nächste? Und dann entscheidest du dich doch für die Schwangerschaft oder wirst ungeplant schwanger. Wie gehst du nun mit deinen Terminen um?

Grundsätzlich ist die Schwangerschaft keine Krankheit. Solange ihr beide, du und dein Kind, gesund seid, kannst du, bis auf ein paar Ausnahmen, alles machen. Die Ausnahmen belaufen sich auf die Ausführung von Extremsportarten, die deinen Körper übermäßig intensiv und lange strapazieren, lange Reisen in den letzten Monaten und Aktivitäten, die ein erhöhtes Verletzungs- oder Gesundheitsrisiko bergen. Auch ist diese Phase deines Lebens nicht unbedingt die beste, um neue Sportarten zu erlernen. Jedoch kannst du alles machen, was du vorher auch gemacht hast. Als Sportlerin hast du ein überdurchschnittlich gutes Körpergefühl und bist es gewohnt, auf deinen Körper zu hören. Das solltest du jetzt auch. Merkst du, dass du bei schnelleren Läufen beispielsweise nach kurzer Zeit außer Atmen bist, nimm Geschwindigkeit heraus. Bestleistungen wirst du nun sowieso nicht erzielen (wollen). Verspürst du beim Heben von schwereren Gewichten ein Ziehen im Bauch- oder Rückenbereich, wirst du von allein die Übung wechseln oder das Gewicht reduzieren. Ich kann dir aus eigener Erfahrung berichten, dass du selbst am besten weißt, was du leisten kannst und was dir guttut. Höre in dich hinein, probiere aus, was dir guttut und traue dich, deinen gewohnten Aktivitäten nachzugehen.

Doch nun ist noch nicht das Terminproblem gelöst. Falls du mit einer Schwangerschaft den Wunsch hast, eine Familie zu gründen, kann ich dir die Empfehlung geben, bei deinen zukünftigen Planungen diesen Wunsch offen dem Veranstalter, Vorgesetzten, Trainer, Coach, etc. zu kommunizieren, sodass du gegebenenfalls noch absagen kannst, solltest du bis dahin glücklich schwanger geworden sein. Wenn du das nicht kommunizieren möchtest, kannst du trotzdem versuchen, deine Termine mit einer optionalen Absagemöglichkeit oder Verschiebung zu planen. Solltest du trotz Kinderwunsch eine längere und weite Reise buchen, wähle auf jeden Fall die Stornierungs- bzw. Rücktrittsoption. Denn gerade Fernreisen bedürfen zumindest in den ersten Jahren des Kindes einer außerordentlichen Organisation und Anstrengung.

Je nachdem, wie du dich ab Beginn deiner Schwangerschaft fühlst, kannst du zunächst an deiner bestehenden Jahresplanung festhalten. Es gibt keinen Tag X, ab dem du deine Termine canceln musst. Auch das wirst du selbst am besten einschätzen können. Einige Frauen leiden in den ersten Monaten unter Übelkeit, Erbrechen und extremer Müdigkeit, sodass sie freiwillig auf zusätzliches Programm verzichten und froh über eine Entschleunigung sind.

Trotz unseres selbstbewussten, starken Auftretens haben wir Sportlerinnen häufig einen sensiblen Kern. Je nach Ausprägung unseres Selbstwertes machen wir uns viele Gedanken um uns und unsere Wirkung und vermeiden das Gefühl von Niederlage in Form von Verlust, Zurückweisung oder geringer Wertschätzung. Da sich unser Leben durch ein Kind schon genug verändert, wenn auch im positiven Sinne, ist jegliche Art von negativer Reaktion auf unsere Schwangerschaft ein Messerstich ins Herz oder das zusätzliche Streuen von Salz in die Wunde. Zumindest könnte es passieren, dass wir uns solche und ähnliche Gedanken bewusst oder unbewusst machen und folglich der offenen Kommunikation aus dem Weg gehen. Vielleicht kennst du diese Gedankengänge, wie du trotz Schwangerschaft dein Bild als erfolgreiche Sportlerin in deinem Umfeld behalten kannst und wie du auch nach der Geburt als die Sportlerin von vorher angesehen und nicht als karrierebeendete Mutter abgestempelt wirst. Aus den Erfahrungen vieler sportlicher Mütter und auch aus den Reaktionen der Menschen meines Umfelds mir gegenüber kann ich dich nur dazu ermutigen, offen mit deiner Schwangerschaft in Bezug auf deine Person umzugehen. Die Zeit, in der du sportlich und figürlich nicht deinem Ideal entspricht, ist überschaubar. Betrachte sie stattdessen eher als Chance, dich zu reflektieren, neu zu positionieren und eventuell auch, um deine Möglichkeiten zu erweitern.

Eine große Motivation während der Schwangerschaft kann es sein, bereits Ziele nach der Geburt zu definieren. Es hilft uns, wir selbst zu bleiben und uns fit zu halten. Natürlich können wir vorher nicht genau sagen, wie wir uns nach der Geburt fühlen werden, wie schnell wir uns als Familie einleben und welche weiteren Herausforderungen noch auf uns zukommen. Doch wir kreieren damit einen Fokus und können gleichzeitig an unserer Leidenschaft festhalten. Solche Ziele könnten sein, schnellstmöglich mit einem von uns erstellten Plan aus Training, Ernährung und Regeneration wieder zu unserer gewohnten körperlichen Fitness und Figur zurückzukehren, Events wahrzunehmen, die uns Freude bereiten, Aktivitäten zu planen, mit denen wir erst nach der Geburt beginnen, etc. Sicherlich hast du bereits einige Ideen im Kopf.

FAZIT

Halte zunächst an deinen geplanten Aktivitäten fest. Höre stets in deinen Körper hinein, wie du dich fühlst und wie du glaubst, noch in der Lage für die jeweiligen Termine zu sein. Bedenke dabei, dass du nicht von Anfang an schwanger aussiehst. Dein Bauch beginnt erst langsam, etwa zu Beginn des zweiten Trimesters, zu wachsen. Du kannst, wenn du es möchtest und für relevant erachtest, deinen Bauch noch länger kaschieren. Gehe dennoch offen und ehrlich mit deinen Planungen und Bedenken um, vereinbare Termine und Events, die du gerne wahrnehmen möchtest, informiere aber die Veranstalter oder verantwortlichen Personen nach Bekanntgabe deiner Schwangerschaft im engeren Kreis über deinen anstehenden Nachwuchs vor dem Hintergrund, dass du je nach Stand und Befinden gegebenenfalls Termine kurzfristig absagen musst. Definiere für deine Motivation schon mal neue oder andere Ziele für die Zeit zum Ende der Schwangerschaft und für danach. Sie treiben dich an und bieten dir eine Konstante neben den verschiedenen anderen Veränderungen. Diese Ziele können sportlicher Natur sein, aber auch neue Aktivitäten oder Beschäftigungen betreffen.

Mein persönlicher Terminkalender

Glaube mir, auch ich habe mir schon bereits am Anfang meiner Schwangerschaft anhören müssen, was ich doch lieber sein lassen, womit ich vorsichtiger umgehen und was ich auf jeden Fall unterlassen sollte. Da es meine erste Schwangerschaft war, war ich selbst verunsichert und auf das Lesen von Lektüren, Zeitschriften oder Online-Beiträgen habe ich schnell wieder verzichtet, da es eher zu noch mehr Verwirrung führte.

Mir selbst ging es leider so, dass ich fast von Tag 1 an bis in die 14. SSW hinein keine Motivation mehr für größere Sporteinheiten oder gar Sportevents hatte. Ich litt unter permanenter Übelkeit und ungewohnter Abgeschlagenheit, jedoch ohne Erbrechen. Mir war es am liebsten, nach kurzen „Ausflügen" wieder zu Hause in meinen eigenen vier Wänden zu sein. Glücklicherweise legte sich diese Phase und etwa ab der 14. SSW habe ich zunächst alles wieder unternommen, wozu ich Lust hatte.

Von meiner Gynäkologin habe ich mir bei jedem Besuch meine Gesundheit und die meines Kindes bestätigen lassen und hatte damit die Freigabe, alles zu tun, was sich gut anfühlte. Und das war auch im Nachhinein der richtige Weg, denn ich konnte an meinen Lebens- und Sportgewohnheiten festhalten, hatte meinen körperlichen Ausgleich und letztendlich bin ich mir ziemlich sicher darüber, dass dieser Weg auch das Erfolgsrezept für die wenige körperliche Veränderung und den nur geringen Verlust meiner Fitness war. An der Stelle sollte ich vorwegnehmen, dass es meine größte Angst war, zu sehr zuzunehmen, unförmig zu werden und nur noch schwer an meinem vorherigen Fitnesslevel anknüpfen zu können. Ich konnte also weiterhin Sport treiben, hörte aber genauer als vorher in meinen Körper hinein.

Wirklich abgesagt habe ich lediglich Sportveranstaltungen, Events und größere berufliche Termine ab dem 8. Monat, im Grunde kurz nach Beginn des letzten Trimesters. Aus Erzählungen und

Berichten von anderen sportlichen Müttern sind wir in dieser Zeit aufgrund des größeren Bauchumfangs und des höheren Gewichtes tatsächlich stärker eingeschränkt und das Risiko von frühzeitigen Wehen bei intensiven Aktivitäten steigt, was wir uns und unserem Kind doch nicht antun wollen. Etwa zu diesem Zeitpunkt merkte ich eine deutlich größere Anstrengung bei sportlicher Aktivität und anderen Situationen wie dem Reisen oder längerem Unterwegs sein. Mein Bauch wurde schneller fest und schmerzte, mein unterer Rücken begann nach längerem Stehen und Gehen zu ziehen und ich spürte das zusätzliche Gewicht an meiner Kondition. Außerdem fühlte ich mich nicht mehr besonders wohl dabei, mich mit meinem inzwischen durchaus sichtbaren Bauch als Bewegungsvorbild meiner Gruppe zu präsentieren. Obwohl ausgerechnet in diesem Zustand dir viele andere Frauen sicherlich Bewunderung schenken, was du trotz der Einschränkungen noch in der Lage bist zu leisten.

Die körperlichen Symptome im Verlauf deiner Schwangerschaft – Ignorieren, trainieren oder tagesformabhängig modifizieren?

Fast jede Frau durchläuft in ihrer Schwangerschaft Phasen, in denen sie sich besonders um das eigene Wohl und das des Kindes sorgt. Dabei drehen sich die Gedanken um Fragen wie zum Beispiel ob das verstärkte Ziehen im Unterbauch noch normal ist? Ob die absolvierte Trainingseinheit doch etwas zu intensiv war, oder ob das Kind im Bauch überhaupt noch lebt?

An dieser Stelle kann ich dich beruhigen. In der Zeit meiner Recherche und meiner Interviews mit anderen sportlichen Müttern habe ich keine Frau getroffen, die diese Gedanken und körperliche Befindlichkeiten nicht hin und wieder verspürt hat.

Doch was passiert da eigentlich in unseren Körpern?

Beschwerden und Schmerzen sind bekanntlich sehr subjektiv. Es gibt Menschen, die eine hohe Schmerztoleranzgrenze haben und bei denen es länger dauert, bis sie Schmerzen als solche wahrnehmen und andere Menschen, die sie sehr schnell spüren. Dann unterscheiden sie sich noch darin, ob sie Schmerzen zwar wahrnehmen, diese aber noch eine ganze Zeit lang gut aushalten können und demnach weiterhin belastbar sind, oder ob der Schmerz sie gleich voll einnimmt und sie sofort herunterfahren und sich zurückziehen. Niemand sollte und kann also das körperliche Befinden einer anderen Person bewerten oder Vergleiche ziehen. Zudem haben wir alle eine unterschiedliche Wahrnehmung. Rückenschmerzen beispielsweise sind vielleicht ein bekanntes Symptom, doch die Art und Weise der Empfindung und auch der Beschreibung kann variieren – ein Ziehen, ein Pochen, ein Druckgefühl, Steifheit, Spannung, ein punktueller Schmerz, ein ausstrahlendes Gefühl, knöcherne, fasziale, muskuläre Schmerzen, u. v. m.

Der Schwangerschaftsverlauf lässt sich in drei Abschnitte zu drei Monaten (Trimester oder Trimenon) oder 13 Schwangerschaftswochen (SSW) aufteilen. Dabei beginnt das erste Trimester mit Beginn deiner Schwangerschaft und endet mit der 12. Schwangerschaftswoche. Das zweite Trimester beschreibt die Schwangerschaftsmonate 4–6 und das dritte Trimester mit den Monaten 7–9 läutet den Endspurt ein.

Die verschiedenen Trimester haben unterschiedliche Schwerpunkte in Bezug auf die Entwicklung des Kindes, aber auch bezüglich deiner eigenen körperlichen Veränderung und deines Wohlbefindens. Jede Veränderung fordert eine Anpassung deiner Bewegungs- und Trainingsroutinen. So lassen sich hieraus schon grobe Richtlinien für dein sportliches Verhalten ableiten. Doch auch innerhalb der einzelnen Trimester durchlauft ihr beide diverse Wachstumsphasen und Veränderungen machen sich bemerkbar.

Das erste Trimester

Vermutlich vergehen einige Tage, wenn nicht sogar Wochen, bis du deine Schwangerschaft überhaupt bemerkst. Zunächst ist es vielleicht eine vage Vermutung oder Intuition kurz nach dem Geschlechtsverkehr und dann ist es das Ausbleiben deiner Periode. Ein verschobener Menstruationszyklus kann immer auch andere Gründe haben. Dabei spielen hormonelle Veränderungen, wie zum Beispiel das Absetzen der Pille oder die Herausnahme der Spirale, die Einnahme von bestimmten Medikamenten (opioide Schmerzmittel, Chemotherapeutika, Psychopharmaka, nicht-steroidale Entzündungshemmer, der fiebersenkende und schmerzlindernde Wirkstoff Paracetamol sowie Glucokortikoide), veränderte Gewohnheiten und Routinen durch eine Reise, Klimaunterschiede, Zeitverschiebungen, Jobwechsel, Ernährungsumstellungen und Extremdiäten, diverse externe und interne

Stressfaktoren, Gewichtsschwankungen oder andere einschlägige Ereignisse eine Rolle. Du kennst dich selbst am besten und weißt intuitiv, wie du die Situation einzuschätzen hast. Sicherheitshalber solltest du jedoch lieber einmal mehr als einmal weniger einen Schwangerschaftstest machen. Zum einen kannst du im Falle eines positiven Tests schneller reagieren und zu anderen verschaffst du dir Klarheit und kannst dich wieder auf andere Dinge konzentrieren. Dein eigener Schwangerschaftstest basiert auf einem Urintest. Dabei lässt sich das Ansteigen des in der Schwangerschaft vermehrt gebildeten Hormons humanes Choreongonadotropin (hCG) feststellen. Dieser Anstieg geschieht auf natürlichem Wege nur im Falle einer Schwangerschaft. Die Konzentration des hCG im Blut verdoppelt sich alle 2–3 Tage und erreicht ihren Höhepunkt etwa in der 8. SSW. Die Testzuverlässigkeit liegt bei ca. 95 Prozent.

Ist der Test positiv oder bestehen auch ohne Test wenig Zweifel an deiner Schwangerschaft, ist der nächste Schritt der Anruf bei deiner Gynäkologin oder deinem Gynäkologen, um einen Termin zu vereinbaren. Dabei erwähnst du bereits am Telefon deine Vermutung oder deinen positiven Schwangerschaftstest. Bis du diesen ersten Termin wahrnimmst, fühlst du dich vielleicht ein wenig unsicher und nervös, kannst jedoch nichts anderes tun als abzuwarten. Bei deinem ersten Gyn-Termin wird dann die Schwangerschaft festgestellt und das weitere Vorgehen besprochen. Dabei erhältst du auch bereits deinen Mutterpass und durchläufst noch einige Untersuchungen. Je nachdem, wann dieser Termin stattfindet, spürst du entweder zunächst körperlich nichts oder du bemerkst schon einige kleine Symptome. Die ersten Symptome in den ersten Wochen können ein Brustziehen sein, Unterleibsschmerzen, ähnlich wie bei deiner Menstruation, ein Spannen oder Jucken der Haut und erste Stimmungsschwankungen. Es ist ganz normal, dass dich das Ergebnis deines Tests mental beschäftigt, du dir Sorgen machst, Gedanken darüber, wie es weitergeht, du dich vielleicht auch einfach so freust, dass du die Welt umarmen könntest, oder auch, dass du launisch wirst, reizbar und diese Laune gerne einmal an deinem Partner, deiner Familie oder deinen Freunden auslässt. Da dein Partner in der Regel sowieso von Anfang an involviert ist, kann ich nur empfehlen, offen deine Gedanken und Gefühle ihm gegenüber zu kommunizieren. Gibt es keinen präsenten Partner, kann das eine andere Person deines Vertrauens sein.

Innerhalb von vier Wochen nach deiner letzten Menstruation kann es passieren, dass du gleich morgens nach dem Aufstehen oder später über den Tag hinweg die weitverbreitete Schwangerschaftsübelkeit verspürst.

Manche Frauen bekommen sie, manche nicht, und auch die Häufigkeit und Stärke des Auftretens variiert von Frau zu Frau. Bis zu 85% der schwangeren Frauen leiden an Übelkeit in der Frühschwangerschaft, 25% von ihnen zusätzlich an Erbrechen. Je nach Schwere wird sie auch als NVP (Nausea and vomiting of pregnancy) oder Hyperemesis gravidarum (HG) bezeichnet. Das starke Schwangerschaftserbrechen ist gekennzeichnet durch anhaltendes Erbrechen (5–10 mal pro Tag) und betrifft gerade einmal 1–3% aller Schwangeren. In Folge einer HG sind die Frauen von Gewichtsverlusten, Elektrolyt- und Stoffwechselstörungen und Dehydration betroffen, sodass sie in der Regel stationär behandelt werden müssen. Hingegen ist die Therapie der NVP symptomatisch. Häufig hilft bereits das Meiden bestimmter Gerüche, Lebensmittel und Zusätze, sowie morgens noch am Bett eine Kleinigkeit (z.B. Zwieback) zu essen oder einen Schluck süßen Tee zu trinken und über den Tag hinweg immer wieder kleine Mahlzeiten zu sich zu nehmen. Beachte jedoch, dass hier wirklich nur Snacks gemeint sind. Nur weil du jetzt schwanger bist, heißt das nicht, dass du alles in dich hineinstopfen kannst und solltest. Du isst tatsächlich nun für zwei, aber diese Aussage betrifft die Qualität und die Nährstoffzufuhr, nicht die Quantität (mehr Informationen im Kapitel Ernährung).

Exkurs Schwangerschaftsübelkeit –
Nausea and vomiting of pregnancy (NVP)

Viele schwangere Frauen leiden unter Übelkeitsattacken zu Beginn der Schwangerschaft, die sich meist nach der zwölften Schwangerschaftswoche wieder zurückbilden. Bis zu 85 % aller Schwangeren sind von diesen unangenehmen Schwangerschaftssymptomen betroffen. Sie treten frühestens nach etwa 4 Wochen nach der letzten Menstruation auf, erreichen einen Höhepunkt in der 9. SSW, verschwinden in 60 % aller Fälle schleichend nach dem ersten Trimester, in 91 % der Fälle spätestens nach der 20. SSW. Es gibt Einzelfälle, bei denen die Übelkeit durchgehend oder immer wiederkehrend bis zum Ende der Schwangerschaft auftritt.

Die Ursache der NVP ist nach wie vor nicht eindeutig geklärt. Wissenschaftler und Mediziner vermuten, dass sie eng mit dem Spiegel des hCG (humanen Choriongonadotropin) korreliert. Lange Zeit wurden vor allem psychologischen Komponenten (unerwünschte Schwangerschaft, Schwangerschaft bei sehr jungen Frauen und anderen Schwangerschaftskonflikten) die Ursache zugesprochen. Verschiedene Studien beweisen jedoch zunehmend die Beteiligung endokriner Systeme. Betroffene Frauen weisen dabei eine höhere hCG-Konzentration auf als symptomfreie Frauen. Die Vermutung geht dahin, dass hCG die Östrogenproduktion der Eierstöcke oder der Plazenta stimuliert und Östrogen das Risiko auf Übelkeit und Erbrechen verstärkt. Diese These passt auch zu der Beobachtung, dass Frauen mit Mehrlingsschwangerschaften häufiger von einer NVP oder HG betroffen sind.

Um Funktionsstörungen und Folgeschäden auszuschließen, sollte, wenn nicht sowieso schon beim ersten Gynäkologenbesuch zur Schwangerschaftsbestimmung angeordnet, eine Basis-Labordiagnostik durchgeführt werden. Dazu sollte unter anderem die Bestimmung der Schilddrüsenwerte gehören, um eine mögliche Kreuzreaktion des hCG mit dem TSH (thyreoideastimulierendes

Hormon; reguliert die Jodaufnahme und stimuliert die Schilddrüsentätigkeit), damit verbunden eine TSH-Supression oder eine Störung der Schilddrüsenfunktion auszuschließen.

Dennoch sind Schwangerschaftsübelkeit und Schwangerschaftserbrechen multifaktoriell. Auch die psychologische Komponente sollte im ärztlichen Gespräch abgeklärt werden. Dazu zählen die Partnerschaft, das soziale Gefüge, die eigenen Gedanken und Sorgen bezüglich der Schwangerschaft und das weitere Umfeld.

Bevor eine Pharmakotherapie verordnet wird, sollte außerdem die Möglichkeit eines Vitamin-B-Mangels untersucht werden. Vitamin B6 und B12 werden häufig ergänzend als Supplement empfohlen, sowie Ingwer, was die Symptome deutlich lindern kann. Auch Akkupressur (auf P6) hat sich in vielen Fällen als hilfreich erwiesen. Diese Punkte können von den Patienten selbst getriggert werden oder durch Armbänder am Handgelenk, die speziell dafür gemacht sind.

Ca. 10% der Schwangeren benötigen jedoch eine medikamentöse Therapie, die vom Arzt verordnet wird, da die konventionellen Ansätze nicht erfolgreich waren. Die am häufigsten eingesetzten Antiemetika sind Meclozin, Metoclopramid, Doxylamin, Promethazin, Chlorpromazin, Odansetron, Domperidon und Kortikosteroide. Bei allen Substanzen ist zu beachten, dass das Reaktionsvermögen vermindert ist und es zu weiteren Nebenwirkungen kommen kann.

In den ersten Wochen beginnt sich außerdem dein Körper zu verändern. Dein Umfeld wird das gar nicht oder nur kaum bemerken, du jedoch schon, denn du achtest von jetzt an auf jegliches Anzeichen und siehst dich natürlich täglich selbst im Spiegel. Deine Brüste nehmen an Umfang und Volumen zu. Bei manchen mehr, bei manchen weniger. Damit verbunden nimmst du eine erhöhte Sensitivität wahr.

Auch dein unterer Bauch kann anfangen zu ziehen. Dieses Ziehen kann verschiedene Ursachen haben. Ganz zu Beginn deiner Schwangerschaft nistet sich die befruchtete Eizelle in die Gebärmutterschleimhaut ein, kurze Zeit darauf entwickelt sich die Plazenta und neue Blutgefäße werden zur Versorgung des Kindes gebildet. All diese Vorgänge gehen nicht immer spurlos an dir vorbei. Mit dem Fortschreiten der Schwangerschaft kann ein Ziehen im Unterleib von den Mutterbändern kommen, zwei flexiblen Muskelfaserbändern, die die Gebärmutter am Becken verankern und ihre Lage stabilisieren, indem sie sich adaptiv dehnen und wieder nachgeben.

Fast die Hälfte aller schwangeren Frauen leidet zudem unter Verdauungsproblemen. In erster Linie sind hierfür auch wieder die Hormonumstellung bzw. der veränderte Hormonhaushalt verantwortlich. Die Beschwerden äußern sich in Druckgefühl, Verstopfungen, Blähungen und Bauch- und Magenschmerzen, hin und wieder Sodbrennen. Diese Symptome können während der gesamten Schwangerschaft auftreten.

Weitere hormonbedingte Begleiterscheinungen in den ersten Wochen sind eine ungewohnte Müdigkeit und ein häufigerer Harndrang. Es gibt Tage, an denen du das Gefühl hast, dir hätte jemand den Stecker gezogen. Du kommst morgens nur schwer aus dem Bett oder hast mittags das Verlangen, dich hinzulegen. Gehe dieser Intuition auch in gesundem Maße nach. Dein Körper zeigt dir, was er gerade braucht und vielleicht ist es ab und an eben die Ruhe, um sich zu regenerieren und neu anzupassen. Diese Müdigkeit oder teils auch Abgeschlagenheit ist nicht dauerhaft und regelmäßig. Sie nimmt im Laufe der Wochen wieder ab und kann in manchen Fällen gegen Ende der Schwangerschaft zurückkehren.

Das Gute im ersten Trimester ist, dass du noch fast alles machen kannst. Da dein Bauch noch so gut wie flach ist, hast du kaum Einschränkungen und abgesehen von der Übelkeit, der manchmal auftretenden Müdigkeit und den Stimmungsschwankungen geht es dir gut, sodass du sowohl beruflich und privat, vor allem sportlich, bis auf wenige Ausnahmen wie gewohnt deine Leistung bringen kannst.

Spannend: Im ersten Drittel der Schwangerschaft entwickeln sich alle Organe deines Kindes. Deine eigene Blutmenge erhöht sich etwa um 1,5 Liter.

Das zweite Trimester

Diese Zeit empfinden die meisten Frauen als beschwerdefrei. Sämtliche unangenehme Symptome aus dem ersten Trimester verschwinden allmählich. Das Risiko von Komplikationen und Fehlgeburten ist deutlich reduziert. Viele Frauen erleben in diesen drei Monaten ein Gefühl von Ausgeglichenheit und Zufriedenheit. Du nimmst nun langsam an Gewicht zu. Im Durchschnitt sind das 1–1,5 kg pro Monat und dein Bauchumfang wächst. Das Bindegewebe lässt zunehmend an Spannung nach und dehnt sich. Dabei können gelegentlich Risse entstehen, die auch als Schwangerschaftsstreifen bezeichnet werden. Vorbeugen kannst du dagegen mit früher, regelmäßiger Pflege deiner Haut. Natürliche Pflegeöle und Lotions halten die Haut weich und geschmeidig. Behalte außerdem dein Trinkverhalten im Auge. Die Geschmeidigkeit und Elastizität deines Bindegewebes sind auf einen guten Wasserhaushalt angewiesen, da es größtenteils selbst aus Wasser besteht.

Häufig tritt eine dunkle Linie (Linea nigra) zwischen Schambein, Bauchnabel, manchmal sogar hoch bis zum Solarplexus hervor. Verursacht wird diese Verfärbung durch die erhöhte Melaninkonzentration. Auch die Brustwarzen, Achselhöhlen und Narben können sich dunkler färben. Diese Auffälligkeit verschwindet nach der Schwangerschaft wieder von allein.

In dieser Zeit kann es außerdem bereits zu wassereinlagerungsbedingten Schwellungen an Armen, Beinen und Füßen kommen. Auslösende Faktoren sind beispielsweise ein erhöhter abdominaler Druck, ein erschwerter Rückfluss durch die Kompression der Gefäße im Beckenbereich und die Erweiterung der sonstigen Blut- und Lymphgefäße. Eine gute Relation aus Bewegung und Erholung hilft, ebenso lockere Kleidung und in Absprache mit einem Arzt auch weitere entwässernde Maßnahmen.

Ab der 17. SSW wirst du irgendwann die ersten Kindesbewegungen spüren. Anfangs fühlen sie sich an wie ein leichtes „Blubbern" oder „Zucken". Im Laufe der nächsten Wochen werden die Bewegungen deutlicher und präziser, bis du sie als ein tatsächliches „Treten" wahrnehmen kannst.

Manche Frauen leiden bereits in dieser Zeit hin und wieder unter Sodbrennen. Das kann auftreten, manchmal auch erst im dritten Trimester, muss aber nicht. Auch die Häufigkeit variiert von Frau zu Frau. Ursache dafür sind dein wachsendes Kind und die wachsende Gebärmutter, die irgendwann verstärkt auf den Magen drückt. Der Verdauungsvorgang verlangsamt sich und Magensäure kann durch die Magenklappe aufsteigen. Abhilfe schafft eine fettreduzierte, säurearme Ernährung, Milch und das Aufrichten des Oberkörpers. Meist tritt Sodbrennen in liegender Position auf. In der Apotheke oder in Drogeriemärkten gibt es außerdem Sodbrennen-Blocker, die du dir besorgen kannst, idealerweise nach Rücksprache mit deinem Arzt.

Das dritte Trimester

Ohne dir Angst zu machen, wird es für dich in dieser Zeit zunehmend beschwerlicher. Dein Kind reift nun vollständig heran und dein Körper bereitet sich nach und nach auf die Geburt vor. Heftiger werdende Kindsbewegungen können sich mit Übungswehen abwechseln und stören deinen gewohnten Schlafrhythmus. Finde heraus, was dir am besten hilft. Bestimmte Lagen, zusätzliche Kissen (auch Stillkissen oder Seitenschläferkissen für die Seitenlage), Rituale zur Entspannung, Wärme und mobilisierende Bewegungen. Moderate und modifizierte sportliche Betätigung bewirkt nicht nur einen physischen und psychischen Ausgleich, sondern wirkt in vielen Fällen auch den schwangerschaftstypischen Lenden- und ISG-Beschwerden (Rückenschmerzen in der unteren Rückenregion), weiterer Wassereinlagerungen und sonstigen Spannungsschmerzen entgegen.

Wahrscheinlich beobachtest du nun täglich deinen wachsenden Babybauch und legst häufiger deine Hände schützend und beruhigend darauf ab. Dein Kind kann diese Berührungen wahrnehmen. Deine Verbindung zu deinem Kind wird zunehmend stärker und realer. Durch die starken Wachstumsschübe deines Kindes und der Gebärmutter haben jedoch auch deine Organe weniger Platz. Es kann zu Kurzatmigkeit und Magenschmerzen kommen. Die Kurzatmigkeit und ggf. manchmal auftretende Atemnot ist bedingt durch den Zwerchfellhochstand, der wiederum die Lunge beeinflusst, weil die Atemhilfsmuskulatur einem erhöhten Strömungswiderstand ausgesetzt ist. Du hast dennoch ausreichend Luft zum Atmen, auch wenn es sich nicht immer so anfühlt. Versuche deine Atemmuskulatur durch verschiedene Positionen zu entlasten. Dazu eignen sich die Seitenlage, die Vorbeuge aus dem Stand oder die Ausgangsposition eines Trizeps-Dips, beispielsweise auf der Couch oder auf einem Stuhl.

Deine Bauchdecke spannt, vielleicht wölbt sich dein Nabel nach außen und du kommst dir zunehmend kugeliger vor. Außerdem kann der erste Ausfluss (Kolostrum) aus deinen Brüsten einsetzen. Das alles ist normal.

Erste Übungs- oder auch Senkwehen können sich etwa bereits ab der 20. SSW bemerkbar machen. Bei einigen Frauen auch erst deutlich später. Mit fortschreitender Schwangerschaft nehmen sie deutlich an Regelmäßigkeit und Intensität zu. Dabei zieht sich die Gebärmutter zusammen und der Bauch wird härter. Die Senkwehen – auch Vorwehen genannt – bereiten dich und dein Kind auf die Geburt vor. Dein Kind rutscht dabei mehr und mehr in deinem Becken nach unten und dein Bauch senkt sich. Berichte deiner Gynäkologin oder deinem Gynäkologen davon. Es gibt einige Möglichkeiten, die damit verbundenen Symptome zu lindern. Viele Ärzte empfehlen z. B. die Einnahme von einer höheren Dosis an Magnesium, um die krampfartigen Schmerzen zu beheben.

Nun wartest du auf die Geburt. Ab der 37. SSW spricht man nicht mehr von einer Frühgeburt und solange sollte das Kind auch nach Möglichkeit in dir drinbleiben. Je länger es noch von deinem natürlichen Schutz umgeben ist, desto besser kann es sich bis zum Ende der Tragezeit entwickeln, Abwehrkräfte bilden und die Risiken bleibender Schäden im Rahmen einer Frühgeburt minimieren sich.

Die Geburt kann sich durch verschiedene Symptome ankündigen. Dazu gehören das Einsetzen der Wehen, der frühzeitige Blasensprung, die Ausstoßung des Schleimpfropfens, das sogenannte „Zeichnen", oder ein leicht blutiger Ausfluss. Auch Begleiterscheinungen wie Übelkeit, Erbrechen oder Durchfall können auftreten. Das alles kann passieren, muss aber nicht zwingend! Zu diesem Zeitpunkt hast du jedoch eng getaktete Kontrolltermine, sodass bei frühzeitiger Ankündigung der Geburt bereits weitere Maßnahmen von deinem Arzt getroffen werden können. Im Normalfall kannst du bei diesen Symptomen noch entspannt bleiben. Kein Grund, panisch oder übereilt die Geburtsklinik aufzusuchen. Wahrscheinlich wird es noch einige Stunden oder gar Tage bis zur eigentlichen Geburt dauern. Du darfst dich jetzt dennoch voll und ganz deinem Kind widmen und dich auf den Beginn eines neuen Lebensabschnittes freuen.

Erst die stärkeren, schmerzhaften Wehen – bekannt unter dem Begriff „Eröffnungswehen" – legen den eigentlichen Geburtsbeginn fest. Sie dauern durchschnittlich jeweils 30 bis 60 Sekunden und treten regelmäßig alle 5 bis 20 Minuten auf. Durch diese wiederkehrenden Kontraktionen und weitere verschiedene Stoffwechselprozesse beginnt der Muttermund, sich allmählich zu öffnen. Bei der ersten Schwangerschaft kann diese Eröffnungsphase (erste Phase der Geburt) mehrere Stunden dauern. In dieser Phase kannst du gerne auch Kontakt mit deiner Hebamme oder der Geburtsklinik aufnehmen und um Rat fragen, wann du ins Krankenhaus oder in die Klinik fahren solltest. Wenn deine Fruchtblase bisher noch nicht geplatzt ist, kommt es meist gegen Ende der Eröffnungsphase zum sogenannten rechtzeitigen Blasensprung.

In jedem Falle solltest du, bzw. solltet ihr, du und dein Partner oder deine Geburtsbegleitung, aufbrechen, wenn die Wehen über mindestens eine halbe Stunde hinweg regelmäßig alle 5 bis 10 Minuten für 30 bis 120 Sekunden auftreten. Jetzt wird es nämlich ernst und dein Kind bahnt sich den Weg zu euch ins Leben.

Meist schon im Krankenhaus oder unter Kontrolle von Arzt oder Hebamme erlebst du die Übergangsphase. Die Wehen werden stärker, treten häufiger und länger auf. Viele Frauen beschreiben diese Phase als die „Schmerzhafteste". Dein Kind rutscht tiefer, dreht und wringt sich in Richtung Ausgang und dein Muttermund öffnet sich auf ca. 8 cm. In dieser Phase sind Nerven und gute Mitarbeit von dir und deinem Partner gefragt. Probiere verschiedene Positionen aus, nutze deine erlernten Atemtechniken und versuche, dem Pressdruck zu widerstehen. Auch diese Phase der Geburt kann einige Zeit in Anspruch nehmen. Schone deine Kräfte, soweit es geht.

Die dritte Phase der Geburt ist die Austreibungsphase. Der Name klingt nicht besonders schön, doch drückt er genau aus, was passiert. Bei Schädellage drückt sich nun als erstes der Kopf deines Kindes heraus, bei Steißlage das Hinterteil, wobei diese Lage in Kombination mit einer natürlichen Geburt eher selten ist. Auf Anweisung des Arztes oder der Hebamme darfst und sollst du jetzt mitpressen. Es folgen hintereinander die Schultern, der Rumpf, das Becken und die Beine. Du hast es fast geschafft. Halte durch!

An dieser Stelle möchte ich dir gerne einen Merksatz mitgeben, der dir hilft, dich durchzubeißen, wenn du an einen Punkt kommst, an dem du denkst, du schaffst es nicht mehr.

„Deine Geburt ist wie ein Wettkampf, auf den du dich neun Monate vorbereitet hast! Du wirst ihn auf jeden Fall erfolgreich beenden. Es ist noch kein Kind im Bauch geblieben!"

FAZIT

Erfahrungsgemäß durchlaufen fast alle Frauen in der Schwangerschaft Phasen, in denen sie besonders besorgt um sich und ihr Kind sind. Sie fragen sich, ob das, was sie gerade spüren, „normal" ist, ob der Stress zu viel war, die Belastung zu groß, etc.? Zu deiner Beruhigung, diese Phasen sind ganz normal und in der Regel ist das, was dir gerade Sorgen bereitet, ganz normal. Die Schwangerschaft wird unterteilt in 3 zeitliche Abschnitte, die Trimester. Alle Trimester bringen neue Veränderungen mit sich.

Jede Veränderung fordert eine Anpassung deiner Bewegungs- und Trainingsroutinen. So lassen sich aus jeder Phase deiner Schwangerschaft grobe Richtlinien für dein sportliches Verhalten ableiten. Die körperlichen und psychischen Symptome als Begleiterscheinung einer Schwangerschaft sind höchst individuell und variieren von Frau zu Frau. Die Symptome des ersten Trimesters reichen von Brustspannen, Hautjucken, Appetitveränderungen, Verdauungsproblemen, häufigem Harndrang bis hin zu leichter bis schwerer Schwangerschaftsübelkeit. Im zweiten Trimester lassen diese Symptome in der Regel nach und eine gewisse „Normalität" stellt sich ein. Der Bauchumfang nimmt zu und hin und wieder kann Sodbrennen auftreten. Es kann zu äußerlichen Hautverfärbungen und zu Wassereinlagerungen kommen. Mit ausreichender Bewegung und schwangerschaftsgeeigneter Ernährung lassen sich diese Symptome jedoch gut kontrollieren. Erst das letzte Trimester kann nochmal einige Leiden mit sich bringen. Es ist möglich, dass du während deiner Schwangerschaft nur wenige

Einschränkungen und Symptome überstehen musst, jedoch wirst du gegen Ende vereinzelt Übungswehen bzw. Senkwehen wahrnehmen, gegebenenfalls aber auch verstärktes Sodbrennen, Rückenbeschwerden im Lendenbereich, Druck- und Völlegefühl, oder weiterhin starken Harndrang. Bedenke, dass die Schwangerschaft die vielleicht größte Veränderung für deinen Körper in deinem Leben ist und es völlig normal ist, dass du diese Veränderung auch hier und dort unangenehm spürst. Bei Unsicherheit hilft es, sich mit anderen schwangeren Frauen, deiner Hebamme oder Ärzten auszutauschen.

Es zwickt und zwackt! Ist das normal?

Von Anfang der Schwangerschaft an hatte ich die Intuition, dass mein Kind vor dem errechneten Geburtstermin zur Welt kommen würde. Also hörte ich gegen Ende der Schwangerschaft, etwa ab der 37. SSW, noch intensiver und sensibler in meinen Körper hinein und suchte nach irgendwelchen Vorboten. Zu dem Zeitpunkt hatte ich ehrlich gesagt auch die Nase gestrichen voll. Ich fühlte mich unwohl, wurde ungeduldig und kam mir vor wie ein Walross, obwohl ich in der Tat nur einen runden Bauch hatte. Eine frühere Geburt wäre mir daher sehr willkommen gewesen. Ich ging immer wieder die typisch möglichen Anzeichen einer Geburt durch. Da mein Kind glücklicherweise eine Schädellage eingenommen hatte und einer natürlichen Geburt nichts im Wege stand, wartete ich auf den „Druck nach unten", nach dem mich meine Gynäkologin bei jedem Kontrolltermin fragte und dieses „must happen" auch in meinem Geburtsvorbereitungskurs thematisiert wurde. Nicht nur meine Hebamme beschrieb diesen Druck als wichtig, damit sich der Gebärmutterhals und schließlich der Muttermund öffnen könne, auch die anderen Frauen berichteten im Laufe der Kurswochen vermehrt von diesem „Druck nach unten". Dazu muss ich erwähnen, dass die meisten von ihnen vor mir Geburtstermin hatten und auch vor mir gebaren. Ich wartete somit auf diesen Druck, wusste aber gar nicht, wie er sich anfühlen sollte und fragte nach. Manche beschrieben ihn als ein Ziehen im Unterleib, andere als einen Druck auf das Becken oder einen knöchernen Schmerz, wieder andere, als würde der Beckenboden auseinandergezogen werden und die Fruchtblase gleich platzen. Bei so vielen Antworten wurde ich nicht schlauer und im Nachhinein kann ich dir sagen, dass keine dieser Beschreibungen bei mir eingetreten ist. Das Gefühl auf den Unterbauch und die Beckenregion bezogen, ein paar Tage vor der Geburt, würde ich eher als stärkeren Menstruationsschmerz, kombiniert mit ordentlich Luft im Darm, die nicht weichen will, beschreiben, und somit ein dauerhaftes Stechen, Ziehen und Drücken in den Gedärmen auslöst. Ich weiß, das ist nicht das schönste „Gesprächsthema", aber dieses Beispiel macht klar, dass Beschwerden, Unwohlsein, Schmerzen und die dazugehörigen Beschreibungen so subjektiv sind, dass sie sich meiner Meinung nach nur schwer als Referenz heranziehen lassen.

Und dann kommt es letztlich noch auf dein Wesen und deine Sensibilität an, ob du jemand bist, der sich erstmal nicht viel aus den körperlichen Symptomen macht und einfach mal „die nächsten Tage abwartet", oder jemand, so wie ich, der gleich etwas Schlimmeres befürchtet, sich Sorgen macht und keinen anderen klaren Gedanken mehr fassen kann, bis das Symptom kontrolliert und als „normal" oder ungefährlich eingestuft wurde.

Jetzt kannst du dir schon ein wenig vorstellen, wie ich meine Schwangerschaft in Bezug auf die typischen Wehwehchen wahrgenommen habe. Meine Schmerztoleranzgrenze ist in der Regel sehr niedrig, was bedeutet, dass ich schnell ein Zwicken und Zwacken wahrnehme und mich gerne auch hin und wieder darüber beklage, mich diese Beschwerden jedoch noch lange nicht von meinem Tun und Handeln abhalten. Ich spüre Veränderungen in meinem Körper sehr schnell, doch vergeht erstmal einiges an Zeit, bis ich mir wirklich mal eine Pause gönne, auf mein Training verzichte oder gar einen Arzt konsultiere. Diese zwei Eigenschaften sind wiederum mit einem riesigen Gedankenkarussell verbunden, während ich versuche, die Schmerzen auszuhalten oder gar auszublenden.

Bereits ab der 5. SSW litt ich unter täglich wachsender Schwangerschaftsübelkeit. Sie überkam mich bereits morgens beim Aufstehen, schwankte etwas über den Tag hinweg und wurde gegen Abend stärker. Übergeben musste ich mich allerdings kein einziges Mal. Nur das Gefühl, dass dies gleich geschehen würde, hatte ich oft. Ich probierte, das Unwohlsein mit allen möglichen Hausmitteln zu lindern. Verschiedene Tees, Ingwer, Zitrone in jeglicher Form, Verzicht auf Kaffee und Lebensmittel mit starken Gerüchen, Zwischensnacks, Akupressur, etc. Nichts half. Das Einzige, was meinen Kreislauf in Schwung brachte und mich die

Übelkeit für einen Moment lang vergessen ließ, war Sport. Und den schraubte ich noch lange nicht zurück. Ich drehte meine Joggingrunden an der frischen Luft, absolvierte meine Workouts im Fitnessstudio und praktizierte mehrmals pro Woche Yoga zu Hause. Die Übelkeit erreichte bei mir etwa in der 8.–9. SSW ihren Höhepunkt und nahm im weiteren Verlauf bis zur 14. SSW von Tag zu Tag ab, bis sie schließlich ganz verschwunden war.

Hin und wieder verspürte ich ein leichtes Ziehen und Spannungsgefühl im Unterbauch, etwa wie beim ersten Tag meiner Periode, wobei ich bisher in meinem Leben von starken Menstruationsbeschwerden verschont geblieben bin. Ein perfektes Beispiel dafür, dass ich dieses Gefühl zwar als unangenehm, jedoch nicht als Schmerz beschreiben oder als Einschränkung empfinden würde. Ebenfalls eine ab und an auftretende Sensibilität meiner Brüste. Es war kein Ziehen oder Spannen und sie wuchsen auch nicht plötzlich, wie manch andere Frauen es erleben, ich empfand einfach eine Empfindlichkeit, die ein paar Tage anhielt und dann wieder verschwand.

Mein wohl im Nachhinein größter Gegner, nicht nur im ersten Trimester, sondern über die gesamte Schwangerschaft hinweg, war mein Kopf, bzw. meine Psyche. Vielleicht habe ich bereits erwähnt, dass ich eher ein ungeduldiger Mensch bin, der gerne vorausschaut und sich mit viel Fleiß und Disziplin um den eigenen Erfolg bemüht. Es fiel mir unglaublich schwer, die neue Situation mit allem was dazugehört anzunehmen. Einen Gang zurückzuschalten und mich auf andere Tätigkeiten zu konzentrieren, aber ich sah diese Zeit als Chance für etwas Neues. Nur die natürliche, gleichzeitig nicht beeinflussbare Verformung meines Körpers von Woche zu Woche, verbunden mit dem Gefühl, dass mein Bindegewebe weicher und weicher wurde, die Muskeln an verschiedenen Körperstellen zu atrophieren schienen und ich dabei immer weniger meiner gewohnten Trainingseinheiten und Übungen absolvieren konnte, nagte kräftig an mir. Ich kam mir schier schlaff, unfit und irgendwie dadurch auch unattraktiv vor.

Eine große Hilfe jedoch war mir stets mein Mann, der nicht nur mein Gejammer aushielt, sondern mich motivierte weiterzumachen, wo es ging, herunterzufahren, wo es nötig war und mir täglich versicherte, dass ich in seinen Augen nach wie vor genauso attraktiv, wenn nicht sogar noch anziehender auf ihn wirkte, weil sein eigenes Kind in mir heranreifte. Um hier gleich das Thema aufzugreifen, welches leider immer wieder unter den Tisch gekehrt wird. Ja, wir hatten weiterhin Sex in der Schwangerschaft. Bis in den 7. Schwangerschaftsmonat hinein auch unverändert wie zuvor, mit gleicher Lust und Leidenschaft. Erst dann wurden allmählich die Berührungen am Bauch und an den Brüsten unangenehm. So haben wir uns eben andere Stellungen gesucht, die noch möglich waren. Häufig haben Frauen Angst, dass sie durch den Geschlechtsverkehr in der fortgeschrittenen Schwangerschaft dem Kind oder sich selbst schaden könnten. Diese Angst ist unberechtigt, solange keine Komplikationen auftreten oder eine Risikoschwangerschaft besteht. Falls du an der Stelle besorgt bist, würde ich dir empfehlen, einfach deinen Arzt darauf anzusprechen. Glaube mir, das Thema muss dir nicht peinlich sein. Es ist etwas ganz Natürliches und für einen Gynäkologen das „tägliche Brot". Wirklich erst gegen Ende, vier bis sechs Wochen vor der Geburt, hatte ich aufgrund meines großen Bauchumfanges, der häufiger auftretenden Früh- bzw. Senkwehen und dem vermehrten Druck im Bauch nicht mehr das Bedürfnis, meinen Intimbereich noch mehr zu stimulieren. Die Lust war zwar da, aber das unwohle Gefühl überwog. Mein Mann war nicht „mit mir schwanger". Natürlich hätte er nichts gegen Sex gehabt, aber gleichzeitig war er sehr tolerant, nicht zuletzt, weil wir immer über alles direkt sprachen und sowieso sehr offen und ehrlich kommunizieren, was ich grundsätzlich für eine funktionierende Beziehung nur empfehlen kann.

Das zweite Trimester war für mich mit Abstand das Erträglichste. Mein Babybauch wuchs weiter, doch ich hatte keinerlei sonstige Beschwerden und konnte ganz normal meinem Alltag nachgehen. Erinnern kann ich mich, dass ich während eines Fitnessevents in der 23. SSW erneute einschneidende Veränderungen bemerkte. Ich unterrichtete zwei funktionelle Trainingseinheiten pro Tag mit vielen komplexen, teilweise sehr intensiven Bewegungen. Diese wurden auf einmal sehr unangenehm. Ich konnte sie ausführen und demonstrieren, spürte aber im Anschluss an das Training eine größere Erschöpfung und ein leicht schmerzhaftes Ziehen im Unterleib. Das war der Moment, in dem ich auf ein schwangerengerechtes Alternativtraining umstieg. Es war einfach das Gefühl, dass das weder für mich noch mein Kind gut war. Und diese Meinung vertrete ich bis heute. Verlass dich auf dein Körpergefühl. Dein Körper wird dir sagen, was geht und was nicht. Und die Zeichen, dass etwas zu viel oder schädlich ist, sind unfehlbar. In dieser Woche vernahm ich auch die ersten stärkeren Kindesbewegungen in Form von Tritten, immer abends, wenn ich mich zur Ruhe legte. Zudem verspürte ich ab diesem Moment hin und wieder nachts ein Sodbrennen, welches ich jedoch mit einem Schluck kalter Milch und einem Hochlagern des Oberkörpers beheben konnte. Oft hatte ich es nicht, wobei es durchaus eine typische Beschwerde im fortgeschrittenen Schwangerschaftsstadium ist.

Unangenehm wurde es tatsächlich für mich erst einige Wochen vor der Entbindung. Das „Warten" machte mich wahnsinnig. Inzwischen war unser Familienglück so greifbar und real, dass wir uns so sehr wünschten, unseren Kleinen im Arm zu halten. Leider wurden die Tage dadurch gefühlt auch länger und die Zeit ging einfach nicht herum. Zudem fühlte ich mich von Tag zu Tag unwohler.

Schon zum Ende des achten Monats dachte ich, mein Bauchumfang hätte das Maximum erreicht und von dahin würde mein Kind nur noch innerlich wachsen. Freundinnen nahmen mir diese Hoffnung und prophezeiten mir, dass in den letzten Wochen vor der Geburt nochmal ein ordentlicher Schub kommen würde. Ich wollte das nicht glauben, doch das hätte ich besser mal getan. So wie das bei uns Sportlerinnen eben ist, habe ich auch ohne Schwangerschaft schon einen recht hohen Muskeltonus. Dem hatte ich zu verdanken, dass mein Bauch in den letzten Wochen sehr hart wurde, prall wie ein Luftballon. Ich hatte das Gefühl, man müsse mir nur eine Nadel hineinstechen und er würde platzen. Das Atmen fiel mir zunehmend schwerer und mein Puls raste schneller als gewöhnlich nach oben, sobald ich mich ein bisschen mehr anstrengte. Der Druck in meinem Bauch wurde immer größer, mein Rücken fühlte sich an, als würde er jeden Moment auseinanderbrechen und das Ziehen im Unterleib, verursacht durch die Bänder, war kaum auszuhalten. Kurzum, mein Leiden empfand ich selbst als so groß, dass ich beschloss, die Geburt am Tage nach dem errechneten Geburtstermin einzuleiten. Ich hätte keine Sekunde länger mehr warten können und eine innere Stimme sagte mir, dass das die richtige Entscheidung sei.

Ich möchte nun hier an dieser Stelle keinen ausführlichen Geburtsbericht liefern, denn jede Geburt verläuft anders und es geht schließlich um dich. Das Einzige, was ich zum Thema Geburt zur Vollständigkeit dieses Kapitels schreiben möchte, ist, dass sie wirklich kein Zuckerschlecken ist. Wehen sind schmerzhaft und auch nervlich können die Stunden zu einer Belastungsprobe werden. Doch mir hat in diesem Moment der Gedanke geholfen, dass dieser Prozess geschehen muss, um mein eigenes Kind in den Armen zu halten und außerdem die Stunden der Geburt nichts sind im Vergleich zu den neun bis zehn Monaten der Schwangerschaft.

Symptome sind da, während der Schwangerschaft, der Geburt und auch danach. Sie gehören dazu und jede Frau hat sie. Sie sind jedoch höchst verschieden und jede Frau nimmt sie anders wahr. Jede Frau hat eine andere Schmerzwahrnehmung, assoziiert Empfindungen anders und reagiert unterschiedlich. Es hilft nichts, die eigenen Symptome mit denen der Freundinnen zu vergleichen. Du hast deinen Körper und dein Kind und beide sind höchst individuell!

Wie beeinflusst der Hormonhaushalt dein körperliches „Tun"?

Es heißt „schwanger sein" und nicht „schwanger machen". Die Schwangerschaft und die Geburt selbst sind etwas, was wir nicht bewusst kontrollieren können, es geschieht. Unser Körper ist derart komplex, dass wir viele seiner inneren Vorgänge gar nicht nachvollziehen oder beeinflussen können. Vielmehr geht es, gerade gegen Ende hin, um „Akzeptieren", „Zulassen" und „Loslassen", vor allem dann, wenn die Hormone mal wieder in unserem Körper ein Feuerwerk entfachen.

Der Hormonhaushalt bei uns Frauen unterliegt auf natürliche Art und Weise gewissen Schwankungen, je nachdem, in welcher Lebensphase wir uns gerade befinden. Dieser verändert sich vor allem in der Schwangerschaft. Dabei übernehmen Hormone wichtige Aufgaben. Zu den wichtigsten Schwangerschaftshormonen aus heutiger Sicht zählen das Sexualhormon Östrogen, Humanes Choriongonadotropin (kurz HCG) und Progesteron aus der Familie der Gestagene. Sie sorgen dafür, dass Mutter und Kind während dieser besonderen Zeit bestens versorgt sind.

Das Wort „Hormon" stammt aus dem Griechischen, „hormao" und bedeutet „antreiben". Und genau das tun sie auch bei uns im Körper. Sie schieben verschiedene Prozesse an und arbeiten dabei nach dem Schlüssel-Schloss-Prinzip. Jedes Hormon verkörpert einen einzigartigen Schlüssel, der nur in ein für ihn bestimmtes Schloss passt und dient dort als Informationsübermittler. Hormone werden ununterbrochen in diversen Organsystemen gebildet. Man unterscheidet grob zwischen den Proteo- und Peptidhormonen, die in der Hypophyse, im Hypothalamus, in der Bauchspeicheldrüse, in der Schilddrüse und in den Nebennieren produziert werden und den Steroid- oder auch Geschlechtshormonen.

Sie gelangen nach innen ins Blut (deshalb auch endokrine System) und werden zu den verschiedenen Zellen transportiert, wo sie sich an Rezeptoren anhaften. Rezeptoren sind Kontaktstellen, die die Informationen der Hormone lesen können. Die Übermittlung dieser Informationen und somit die Wirkung der Hormone dauert Minuten bis Stunden. Nachzuweisen sind die Hormone entweder im Speichel, im Blut oder im Urin.

Weibliche Hormone, allen voran Östrogene und Gestagen, werden hauptsächlich von den Eierstöcken gebildet. Dabei unterliegen die Eierstöcke einer komplizierten Kontrolle durch Gehirn und Hirnanhangsdrüse. Die Hirnanhangsdrüse ist bei Frauen zuständig für die Feinsteuerung der hormonellen Prozesse während des gesamten Menstruationszyklus. Kommt es während der Zyklusmitte zur Befruchtung der Eizelle, hält der gesprungene Rest-Follikel, der auch Gelbkörper genannt wird, die Produktion von Schwangerschaftshormonen aufrecht. Dieser Gelbkörper wiederum produziert das schwangerschaftserhaltende Hormon Progesteron. Im weiteren Verlauf übernimmt die Plazenta dann diese und weitere wichtige Funktionen in der Hormonproduktion. Als endokrines Organ übernimmt sie unter anderem die Produktionsaufgabe der Steroidhormone Östrogen und Progesteron, sodass die Eierstöcke während der Schwangerschaft ruhen können.

Östrogene sind allgemein bei Frauen für die weiblichen Merkmale und die Psyche verantwortlich und haben zudem auch einen positiven Einfluss auf den Knochenstoffwechsel und das Herz-Kreislauf-System. Im Monatszyklus fördern sie die Reifung des Eies im Eierstock bis zum Eisprung, danach unterstützen sie die Wanderung des gesprungenen Eies über die Eileiter zur Gebärmutter. In der Schwangerschaft sorgen Östrogene dafür, dass die Brüste wachsen und sich auf die Milchbildung vorbereiten und dass sich der weibliche Körper optimal auf die Geburt einstellt.

Neben Progesteron und Östrogen gehört außerdem das HCG zu den besonderen Hormonen in der Schwangerschaft. HCG wird ausschließlich vom Mutterkuchen in den Blutkreislauf ausgeschüttet. Dieses Hormon wird nur in der Schwangerschaft produziert, weshalb es auch umgangssprachlich das „Schwangerschaftshormon" genannt wird. Es sorgt unter anderem für den Beginn und den Erhalt der Schwangerschaft. Die HCG-Konzentration im Blut steigt in den ersten Wochen der Schwangerschaft stetig an und erreicht etwa nach acht bis neun Wochen das Maximum. Anschließend nimmt die Konzentration langsam wieder ab und kehrt um die 20. SSW auf ihren Ausgangswert zurück. Die heute üblichen Schwangerschaftstest beruhen auf dem Nachweis von HCG im Urin.

Das Wachstum deines Kindes, des Uterus und der Plazenta erfordern erhöhte Stoffwechselvorgänge in der Schwangerschaft. Die Schilddrüse schaltet als endokrines Organ einen Gang nach oben. Verschiedene Schilddrüsenwerte (z. B. T3, T4 und TBH) sind während der 9 Monate erhöht. Diese Hormone sind für die Entwicklung, das Wachstum, den Stoffwechsel und den Energiehaushalt wichtig. Sie steuern außerdem den Makronährstoffwechsel, die Körpertemperatur und den Mineralstoffhaushalt. Gleichzeitig steigt auch der Bedarf an Jod, Kalzium und Phosphat, welcher durch eine angepasste Ernährung oder eine Substitution durch Nahrungsergänzung ausgeglichen werden kann. Ein ausgewogenes Verhältnis dieser Mikronährstoffe besitzen beispielsweise Milchprodukte, Vollkorngetreide, Hülsenfrüchte, Fisch, Obst (Orangen, Mandarinen, Erdbeeren) und bestimmtes Gemüse (Kohlsorten, Kartoffeln, Spinat, Lauch).

Die erhöhten Stoffwechselvorgänge haben weiterhin eine höhere Glucoseumsetzung zur Folge und der Glucosespiegel im Blut sinkt. Der mütterliche Organismus reagiert darauf mit einer größeren Glucosebereitstellung, wodurch die Entwicklung des Fetus garantiert wird. Schwangere Frauen weisen darüber hinaus eine höhere Insulinresistenz auf als nicht schwangere Frauen, welche wiederum zu einer vermehrten Insulinausschüttung führt. Diese Veränderung kann unter Umständen zu einer überdurchschnittlichen Gewichtszunahme oder einer Gestationsdiabetes führen. Wichtig ist, dass der Blutzuckerspiegel des Kindes vom mütterlichen Glucosespiegel abhängig und diesem folglich ausgesetzt ist. Da wir unsere Kinder nicht schon frühzeitig zu viel Zucker und einer körperlichen adipösen Entwicklung aussetzen wollen, sollten wir als verantwortungsvolle Mütter bereits in der Schwangerschaft mit einer gesunden, natürlichen Ernährung entgegenwirken.

Dann ist da noch das bekannte Oxytocin, praktisch ein Wunderhormon, wenn es darum geht, was im Verlaufe der Schwangerschaft mit unserem Körper so alles passiert. Es ist das „Bindungshormon". Es wird sowohl nach dem Geschlechtsverkehr als auch bei jeglichen anderen Formen der körperlichen Nähe ausgeschüttet. Es unterstützt die Bindung zwischen zwei Menschen und das Zugehörigkeitsgefühl. Darüber hinaus kommt es uns zum Ende der Schwangerschaft zugute, denn es sorgt unter anderem für die Dehnung der Gebärmutter und des Beckenbodens und besitzt wehenfördernde Eigenschaften. Sobald die Geburt beginnt und das Kind auf den Muttermund drückt, wird das Hormon vermehrt ausgeschüttet und wirkt schmerzlindernd. Sobald dein Baby auf der Welt ist, hilft Oxytocin, den Milchfluss beim Stillen aufrecht zu erhalten und lässt die besonderen Muttergefühle in dir aufkommen. Auch dafür, dass sich deine Gebärmutter über die Wochen nach der Geburt wieder auf die normale Größe einer nicht schwangeren Frau zurückzieht, ist Oxytocin mitunter verantwortlich.

Vielleicht hast du schon einmal gehört, dass schwangere Frauen vorsichtiger bei Mobility-Übungen, Stretching- und Yogaposen sein sollen? Grund dafür ist das Peptidhormon Relaxin. Der Körper der Frau produziert vermehrt Relaxin in den Geschlechtsorganen, nachdem sich die befruchtete Eizelle in die Gebärmutterschleimhaut eingenistet hat. Es entspannt nicht nur den Gebärmutterhals und den Muttermund zur Vorbereitung auf die Geburt, sondern reduziert ebenfalls die Spannung in Muskeln,

Sehnen, Bändern und erhöht die Beweglichkeit der Gelenke, vor allem im Beckenbereich, weshalb die Verletzungsanfälligkeit für Überdehnungen, Zerrungen und Risse steigt. Übrigens, auch die hin und wieder auftretende Vergesslichkeit gegen Ende der Schwangerschaft ist mitunter auf das Relaxin zurückzuführen.

Die letzten Wochen, manchmal nur Tage, vor der Geburt sind für viele Frauen sehr beschwerlich. Der Bauch fühlt sich nochmal größer an, alles spannt, drückt und zieht und natürlich steigt die Vorfreude auf dein Kind ins Unermessliche. Da wünschen sich nachvollziehbarerweise einige, sie könnten den Geburtsbeginn beschleunigen oder beeinflussen. Trotz vieler Tipps und Tricks, die man versuchen kann anzuwenden, wie beispielsweise viel Bewegung, zügiges Spazierengehen, Putzen, Treppensteigen, die Einnahme von Gewürzen und Pflanzenextrakten, denen eine wehenfördernde Wirkung nachgesagt wird, Brustwarzenstimulation oder gar nochmal Geschlechtsverkehr haben, behält die Natur hier die Oberhand. Dein Kind kommt, wenn es kommt und dein Körper innerlich dafür sein „Go" gibt.

Dennoch ist neben allerlei Hormonausschüttungen, die für die Geburt wichtig sind, inzwischen erwiesen, dass auch Prostaglandine, hormonähnliche Substanzen, gegen Ende der Schwangerschaft dafür sorgen, dass sich das Gewebe des Muttermunds auflockert. Dieser Prozess wird „Reifung" genannt. Der Gebärmutterhals wird kürzer, öffnet sich langsam und der Muttermund wird weicher. Der reife Muttermund öffnet sich während der Wehen und ermöglicht so den Geburtsprozess. Prostaglandine wirken dabei stimulierend auf die Gebärmuttermuskulatur. Neben Oxytocin sind sie für das Auslösen der Wehen mitverantwortlich und werden vom Körper selbst produziert und ausgeschüttet. Manchmal jedoch nicht ausreichend oder es mangelt an Rezeptoren, an denen die Prostaglandine andocken können. Daher ist es gar nicht so abwegig, kurz vor der Geburt noch einmal Geschlechtsverkehr mit deinem Partner zu haben, da die Prostaglandine in höherer Konzentration vor allem im Sperma enthalten sind. Im Vergleich zu der Prostaglandinkonzentration in Medikamenten, die zur Geburtseinleitung verabreicht werden, ist die des Spermas zwar deutlich geringer, kann unter Umständen aber das letzte i-Tüpfelchen sein und die erwarteten Wehen auszulösen.

FAZIT

Zu den wichtigsten Schwangerschaftshormonen aus heutiger Sicht zählen das Sexualhormon Östrogen, Humanes Choriongonadotropin (kurz HCG) und Progesteron aus der Familie der Gestagene. Sie sorgen dafür, dass Mutter und Kind während dieser besonderen Zeit bestens versorgt sind. Nachzuweisen sind die Hormone entweder im Speichel, im Blut oder im Urin. Östrogene sind allgemein bei Frauen für die weiblichen Merkmale und die Psyche verantwortlich. In der Schwangerschaft sorgen Östrogene dafür, dass die Brüste wachsen und sich auf die Milchbildung vorbereiten und dass sich der weibliche Körper optimal auf die Geburt einstellt. Das Hormon HCG wird ausschließlich in der Schwangerschaft produziert, weshalb es auch umgangssprachlich das „Schwangerschaftshormon" genannt wird. Es sorgt unter anderem für den Beginn und den Erhalt der Schwangerschaft. Weiterhin schaltet die Schilddrüse als endokrines Organ einen Gang nach oben. Verschiedene Schilddrüsenwerte (z.B. T3, T4 und TBH) sind während der 9 Monate erhöht. Diese Hormone sorgen für erhöhte Stoffwechselvorgänge und beeinflussen bereits den Stoffwechselvorgänge wie beispielsweise den Blutzuckerspiegel des Kindes. Da wir unsere Kinder nicht schon frühzeitig zu viel Zucker und einer körperlichen adipösen Entwicklung aussetzen wollen, sollten wir als verantwortungsvolle Mütter bereits in der Schwangerschaft mit einer gesunden, natürlichen Ernährung entgegenwirken.

Dann sind da noch das „Wunderhormon" und die „Weichmacher" – Oxytocin und Relaxin. Zwei entscheidende

Hormone, die den weiblichen Körper über die Schwangerschaft hinweg dehnfähiger, weicher und spannungsloser machen. Nicht gerade das, was sich eine Sportlerin vorstellt, was aber für das Wachstum des Kindes im Bauch und die Geburt enorm wichtig ist. Darüber hinaus hilft uns Oxytocin, emotional mit der neuen Situation umzugehen und unser Kleines mit bedingungsloser Liebe aufzunehmen. Um ihre volle Funktion zu entfalten, dauert es auch noch einige Monate nach der Geburt, bis diese Hormone sich wieder auf ihre normale Konzentration zurückgebildet haben.

Die Veränderungen des aktiven und passiven Bewegungsapparates in der Schwangerschaft

Dass Frauen in der Schwangerschaft, ob Sportlerinnen oder Nicht-Sportlerinnen, an Gewicht zunehmen, ist nun keine überraschende Neuigkeit. Dennoch lohnt es sich, ein besseres Verständnis dafür zu erlangen, wie sich dieses Zusatzgewicht zusammensetzt, warum der Ausschlag der Waage bei schwangeren Frauen so unterschiedlich ist und welche Folgen die Extrakilos für den Bewegungsapparat haben.

Die mütterliche Gewichtszunahme in der Schwangerschaft ist im Wesentlichen durch das Wachstum deines Kindes (bis zu ca. 4 kg zum Ende der Schwangerschaft), der Plazenta, des Fruchtwassers (ca. 5 kg), das vermehrte Blutvolumen, Wassereinlagerungen (ca. 1,5 bis 3 kg), der Fettgewebsvermehrung (ca. 3 bis 4 kg) und das Wachstum der Brüste und der Gebärmutter (1 kg) bedingt. Im Idealfall liegt die Gewichtszunahme während der Schwangerschaft insgesamt zwischen 10 und 16 Kilogramm. Zunahmen über 16 Kilogramm haben in der Regel mit anderen Verhaltensänderungen zu tun, die unnötig sind und mit einem erhöhten Risiko für fetale und mütterliche Komplikationen assoziiert werden. Als Sportlerin bringst du wahrscheinlich genug Disziplin und Verstand mit, um diese unnötige Extralast zu vermeiden.

Durch die Gewichtszunahme werden deine Gelenke um ca. 15 % bis 25 % stärker beansprucht. Die Sehnen und Bänder werden durch den Anstieg von Relaxin und Östrogen dehnbarer, die Gelenke gewinnen ein größeres Maß an Mobilität, erreichen also eine größere „range of motion".

Dieser neu gewonnene Bewegungsfreiheitsgrad, vor allem in den verschiedenen Systemen der Beckenregion, geht häufig mit einer

Hypermobilität des Iliosakralgelenkes oder der Symphyse einher, was wiederum zu einer Blockade oder einem Reizzustand und Schmerzen dieser Gelenke führen kann. Diese Schmerzen können bis ins Gesäß, die Leistengegend oder gar die Knie ausstrahlen.

Du wirst beobachten, wie dein Bauchumfang und eventuell deine Brüste von Woche zu Woche wachsen. Der Körperschwerpunkt verlagert sich folglich immer weiter nach vorne und zieht dich ins Hohlkreuz. Dein Becken kippt also ebenfalls nach vorne. Außerdem kommt es in der Schwangerschaft häufig zu einer Beckenringlockerung, auch als Beckenschwäche oder Symphysenlockerung bekannt. Einfach beschrieben besteht das Becken aus drei Knochenteilen, die gemeinsam den Beckenring bilden. Dein Becken verbindet deinen Oberkörper mit deinen Beinen. Die Verbindung dieses Ringes wird durch Gelenke gebildet und die Gelenke wiederum werden durch elastische Bänder und Kapseln verstärkt. Falsch ist hingegen der Annahme, dass das Becken in der Schwangerschaft breiter wird, um sich auf den Geburtsvorgang vorzubereiten. Knochen sind nicht dehnbar und verändern auch nicht ihre Architektur, es sind die Gelenke und die Bänder, die nachgeben, sich also dehnen und auseinanderbewegen können. Wir sprechen hier von sehr kleinen Veränderungen, die sich jedoch anfühlen können, also wäre da unten nichts mehr fest oder an Ort und Stelle. Diese Verschiebungen begünstigen das Auftreten von Rückenschmerzen, Blockaden, Reizungen in Scham- und Kreuzbereich oder Schiefstellungen. Ein typisches Erkennungsmerkmal für diese körperliche Veränderung ist der Watschelgang der Frau. Einige Frauen „watscheln" gerade im letzten Trimester beim Gehen wie eine Ente. Wenn du aber während der letzten Monate fleißig weiter trainiert und möglichst gut deine stabilisierende Muskulatur aufrechterhalten hast, wirst du dieses Gangbild eher selten und nur in Ausnahmefällen, wie z. B. unter Schmerzen, bei dir beobachten. Auch eine Gewichtszunahme, die den Normbereich nicht übersteigt, hilft dabei, dass du bis zur Geburt immer noch zügig, kraftvoll und ohne Haltungsfehler gehen kannst.

Am Ende deiner Schwangerschaft wird deine Gebärmutter, die ja ein Muskel ist, aktiver und es kommt zu Übungs- oder auch Senkwehen. Dein Baby rutscht stückweise tiefer nach unten ins Becken. Diesen Prozess kannst du auch spüren. Die Kontraktionen der Gebärmutter fühlst du durch ein Hartwerden deines Bauches oder einem leichten Ziehen im Unterleib, ähnlich wie bei Menstruationsbeschwerden. Ebenfalls nimmt der Druck auf die Blase zu, sodass du häufiger zur Toilette musst, oder wenigstens das Gefühl hast, auch wenn am Ende nicht viel kommt. Manche Frauen beschreiben diesen „Druck nach unten" auch als einen Druck auf den Beckenboden oder das Gefühl, als ob das Kind, gerade bei längerem Herumlaufen, gleich herausfallen würde. Natürlich ist das nur ein Gefühl. Keine Angst, so einfach fällt da nichts heraus. Möglicherweise verspürst du hin und wieder einen plötzlich stechenden Schmerz in der Scheidenregion. Dieser wird verursacht durch die vorderen Mutterbänder, die vorne innen von den Muskeln der Oberschenkelinnenseite durch die Schamlippen bis in die Leiste ziehen. Am Abend sind diese Schmerzen ausgeprägter als am Morgen direkt nach dem Aufstehen.

Diese Muskelkontraktionen und Bandschmerzen sind zwar nicht angenehm, sind aber ein gutes Zeichen dafür, dass sich dein Körper gut auf die Geburt vorbereitet und du schon sehr bald geburtsbereit bist.

Eine weitere natürliche Veränderung der weichen Körperstrukturen über die gesamte Schwangerschaftszeit hinweg ist die Entstehung einer „Rektusdiastase". „M. rectus abdominis" ist die lateinische Bezeichnung für den oberflächlichen geraden Bauchmuskel. „Diastase" kommt aus dem Griechischen und bedeutet Spaltung. Übersetzt bedeutet der Fachbegriff „Bauchmuskelspaltung" und beschreibt weit auseinanderstehende Bauchmuskelstränge. Doch wie entsteht die Rektusdiastase?

Die Körpermitte besteht aus den passiven Strukturen von Wirbelsäule und Becken sowie aus den aktiven Strukturen der oberflächlichen und tiefliegenden Bauch-, Rücken- und Beckenmuskulatur. Durch die Schwangerschaft und die Geburt verändern sich sowohl die Statik als auch die Funktionalität der Körpermitte. Die beteiligten Muskeln können nicht mehr richtig angesteuert werden, die Gelenke verlieren an Stabilität und wie bereits erwähnt ziehen der wachsende Bauch und das zusätzliche Gewicht die Lendenwirbelsäule noch stärker in die Lordose.

Alle Bauchmuskeln werden in der Schwangerschaft weicher und nachgiebiger, verlieren an Kraft und Grundspannung. Am stärksten betroffen ist der gerade Bauchmuskel, da seine beiden Muskelstränge ab ca. der 20. Schwangerschaftswoche auseinanderdriften und eine Bauchmuskelspalte (= Rektusdiastase) entsteht. Folglich können die geraden Bauchmuskeln ihre Funktionen zunehmend schlechter erfüllen. Die Spalte ist deutlich tastbar und manchmal sogar sichtbar, da sich die Bauchorgane zwischen den Muskelsträngen nach ventral vorschieben können.

Bei einer Vaginalgeburt kann es zu Verletzungen des Beckens oder der Beckenbodenmuskulatur kommen, bei einem Kaiserschnitt wird die Bauchdecke und damit das Fasziengewebe durchtrennt. Hierbei entstehen Verletzungen, die über längere Zeit wieder regenerieren müssen. Diese Rückbildung geschieht über mehrere Wochen und Monate nach der Geburt. Wie gut und stark sich die Körpermitte zurückentwickelt, hängt von vielen Faktoren wie Veranlagung, Schwangerschafts- und Geburtsverlauf, aber auch dem persönlichem Verhalten in der prä- und postnatalen Zeit ab.

Schweres Heben und Tragen sowie das gerade Aufrollen aus der Rückenposition können die Rektusdiastase verschlimmern. Bei Sportlerinnen jedoch ist die Kraft des geraden Bauchmuskels so gut ausgeprägt, dass sie sich noch bis zum Ende der Schwangerschaft aus der Rückenlage aufrollen können, dies aber trotzdem die Bauchmuskelstränge mehr als nötig auseinanderschiebt und deshalb vermieden werden sollte. Die schrägen und queren

Bauchmuskeln können dafür jederzeit weiter angespannt und trainiert werden.

Nach der Geburt ist das Gewebe erst einmal überdehnt und es mangelt dir an Grundspannung. Lass dir und deinem Körper etwas Zeit. Der natürliche körperliche Regenerationsvorgang sorgt in den ersten 6 Wochen dafür, dass die Muskulatur wieder straffer wird und auch die Rektusdiastase bildet sich in den ersten Wochen zurück, jedoch oft nicht vollständig. In dieser Zeit musst du dich wirklich gedulden. Ein zu früher Trainingsbeginn der Rumpfmuskulatur kann genau das Gegenteil von dem bewirken, was du eigentlich möchtest. Wenn es dir gut geht, du deinen Beckenboden wieder anspannen kannst und sämtliche Verletzungen verheilt sind, kannst du jedoch, von einem hohen sportlichen Level ausgehend, die Regenerationszeit verkürzen.

FAZIT

Die größte und auffälligste äußerliche Veränderung des Körpers in der Schwangerschaft ist der Babybauch und deine damit verbundene Gewichtszunahme. Diese ist im Wesentlichen durch das Wachstum deines Kindes (bis zu ca. 4 kg zum Ende der Schwangerschaft), der Plazenta, des Fruchtwassers (ca. 5 kg), das vermehrtes Blutvolumen, Wassereinlagerungen (ca. 1,5 bis 3 kg), der Fettgewebsvermehrung (ca. 3 bis 4 kg) und das Wachstum der Brüste und Gebärmutter (1 kg) bedingt. Im Idealfall liegt die Gewichtszunahme während der Schwangerschaft insgesamt zwischen 10 und 16 Kilogramm. Durch die Gewichtszunahme werden deine Gelenke um ca. 15% bis 25% stärker beansprucht. In Kombination mit einer erhöhten Relaxinkonzentration und der dehnfähigeren Strukturen, kommt es häufig zu einer Hypermobilität des Iliosakralgelenkes oder der Symphyse, was wiederum zu einer Blockade oder einem Reizzustand und Schmerzen dieser Gelenke führen kann. Durch den wachsenden Bauch verlagert sich dein Körperschwerpunkt immer weiter nach vorne und zieht dich ins Hohlkreuz. Dein Becken kippt also ebenfalls nach vorne, was bei vielen Frauen unangenehme Rückenschmerzen zur Folge hat. Eine weitere natürliche Veränderung der weichen Körperstrukturen über die gesamte Schwangerschaftszeit hinweg ist die Entstehung einer „Rektusdiastase". Übersetzt bedeutet der Fachbegriff „Bauchmuskelspaltung" und beschreibt weit auseinanderstehende Bauchmuskelstränge. Die Bauchmuskeln schieben sich zur Seite, damit sich der Babybauch nach außen wölben kann und dein Kind genug Platz hat. Sie ist ganz natürlich, erfordert aber eine gewisse Vorsicht bei bestimmten Bewegungen und im Training wie die Vermeidung spezieller Übungen und zu schweres Heben und Tragen.

Trainingsmaßnahmen während und nach der Schwangerschaft

Ich habe bereits erwähnt, dass die Ansicht, Sport in der Schwangerschaft sei schädlich für Mutter und Kind, längst überholt ist. Immer noch besteht ein hoher Aufklärungsbedarf über Nutzen und Schaden des Sports gegenüber der Gesundheit von Mutter und Kind. Nicht alle Hebammen und Ärzte sind auf dem modernsten Wissensstand dieses Themas oder nehmen sich aus verschiedenen Gründen nicht die Zeit, Frauen in ihren Sprechstunden darüber zu informieren. Man kann es ihnen auch nicht verübeln. Die Wissenschaft in Bezug auf sportliche Leistungsfähigkeit, mit dem Nischenthema „Sport in der Schwangerschaft", schreitet in rasendem Tempo voran und es bedarf einer großen Portion an Eigeninteresse und Zeitinvestition, um mit den modernen Erkenntnissen mitzuhalten. Außerdem haben sie eine ganze Reihe weiterer dringender Themen, die sie mit den Frauen in den Schwangerschafts-Kontrollterminen durchgehen müssen, bei gleichzeitiger Reduktion des Zeitlimits pro Patientin.

Wichtige Anliegen in dieser Aufklärungsarbeit waren bislang und sind noch immer die Themen, inwieweit durch sportliche Betätigung die fetale Sauerstoffversorgung durch die verstärkte Durchblutung der mütterlichen Skelettmuskulatur unter körperlicher Beanspruchung eingeschränkt wird. Ein weiteres beunruhigendes Thema ist die mögliche Temperaturerhöhung bei der Mutter während physischer Anstrengung, da man bei einem erhöhten Wärmezustand im fetalen Organismus von einer Hyperthermie, die mit vermuteten fehlbildenden Effekten beim Ungeborenen einhergehen würde, sprechen würde. Außerdem existieren noch immer Befürchtungen, dass eine häufige erhöhte körperliche Anstrengung mit einem erhöhten Risiko für Frühgeburt, Fehlgeburt oder vorzeitige Wehen verbunden ist.

All diese Bedenken konnten über die letzten Jahre erforscht und widerlegt werden, wobei natürlich immer Ausnahmen die Regel bestätigen. Es überwiegen die positiven Aspekte des Sports während der Schwangerschaft, wie die Erhaltung der körperlichen Fitness, die Vermeidung von überdurchschnittlicher Gewichtszunahme, eine Besserung der Insulintoleranz, Schmerzlinderung, das Vorbeugen von Schwangerschaftskomplikationen, Erleichterungen des Geburtsvorganges hinsichtlich der Schmerztoleranz und vor allem der mütterlichen Regeneration nach der Geburt.

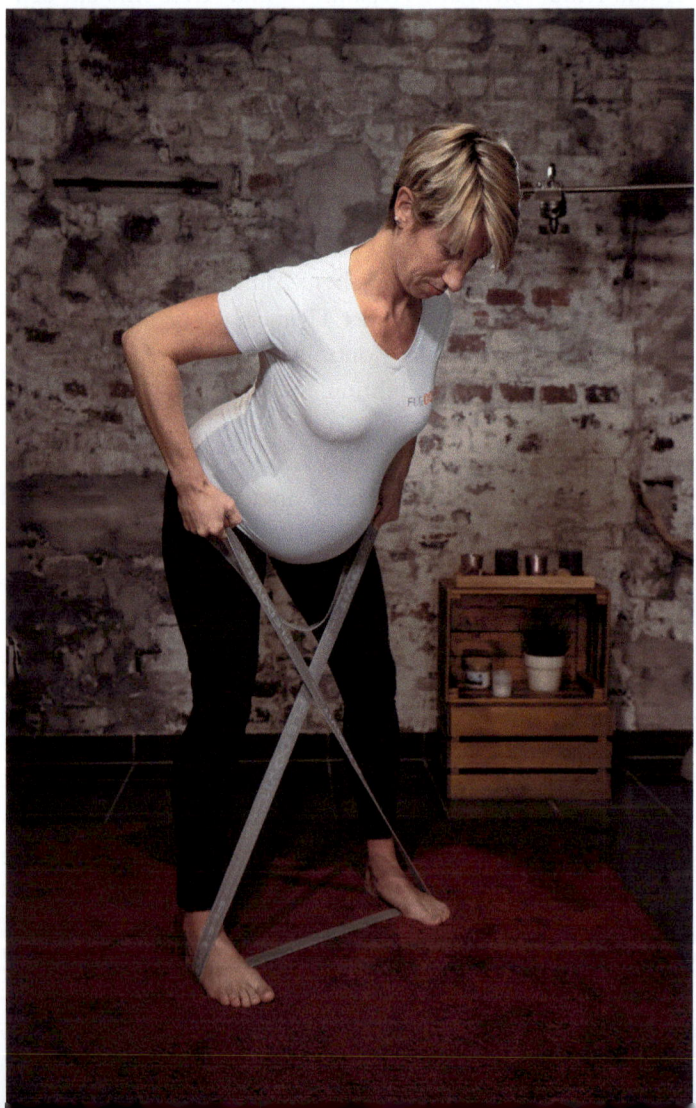

Im Großen und Ganzen können sportliche Aktivitäten bei Eintritt einer Schwangerschaft beibehalten werden, wobei die Intensitäten und Übungsvarianten im zweiten und dritten Trimester reduziert werden. Da es zu einigen Veränderungen im Herz-Kreislauf-System, im Hormonhaushalt, im aktiven und passiven Bewegungsapparat und darüber hinaus zu einigen emotionalen Herausforderungen bei der Frau kommt, die gleichzeitig eine erhöhte Belastung für sie darstellen, ist von leistungsorientierten Sportausübungen und Wettkämpfen abzuraten.

Grundsätzlich sollte eine Schwangerschaft nicht die Phase im Leben sein, um neue Sportarten zu beginnen oder die Leistungsfähigkeit steigern zu wollen. Voraussetzung für ein regelmäßiges Training ist eine unkomplizierte Schwangerschaft. Auch bei Risikoschwangerschaften (Frauen ab 35 Jahren, chronische Krankheiten, Mehrlingsschwangerschaften, vergangene Komplikationen, Vielgebärende, etc.) kann das Training positive Einflüsse auf Mutter und Kind haben, sollte aber vorab ärztlich besprochen werden. Wichtig ist es in jedem Fall, auf den Körper zu hören und die Aktivität sofort abzubrechen, sollten Symptome wie Schwindel, zunehmende Kurzatmigkeit, Luftnot, Ohnmachtsgefühle, Brust- und Kopfschmerzen, vaginale Blutungen, Wehen, Fruchtwasserverlust oder abnehmende Kindesbewegungen auftreten.

Normalerweise setzen wir uns als Sportlerinnen Ziele im und durch den Sport, die mit Zahlen, Daten und Fakten verbunden sind. Eine bestimmte Wettkampfzeit, ein Wettkampfgewicht, eine gewisse Leistungsfähigkeit zum Tag X, Weiten, Höhen oder das Erkämpfen einer erwünschten körperlichen Form. Diese Ziele kannst du schon bald wieder für dich in Angriff nehmen, jedoch nicht während deiner Schwangerschaft. Das ist einfach der falsche Zeitpunkt.

Sportliche Aktivität in der Schwangerschaft sollte andere Motive haben – deine Gesundheit und die deines Kindes, Schmerzfreiheit, die Verminderung von Schwangerschaftskomplikationen und die Steigerung deiner eigenen Belastbarkeit, um die kommenden Herausforderungen der Schwangerschaft und später mit dem Kind bestmöglich zu meistern.

Nun kann man nicht alle Frauen über einen Kamm scheren. Ausschlaggebend für Trainingsempfehlungen sind Trainingserfahrung und Fitnesslevel vor Eintritt der Schwangerschaft sowie der Schwangerschaftsverlauf und der aktuelle Gesundheitszustand. Grundsätzlich gilt, dass zu jeder Zeit sportliche Betätigung möglich ist. Du musst nicht mit deinen geliebten Übungen aufhören, sondern sie lediglich stufenweise verändern. Um also nicht zu stagnieren, geht es darum, Übungen und Bewegungen viel und schnell zu modifizieren und sie stets an die Phase der Schwangerschaft anzupassen. Entscheidende Kernkomponenten hierbei sind die zwei Größen Belastung und Belastbarkeit. Je höher deine Belastbarkeit allgemein, aber auch tagesspezifisch ist, desto größer darf die Belastung in Form von Dauer, Herzfrequenz oder Gewicht sein. War dein Fitnesslevel vor der Schwangerschaft noch nicht so hoch und damit deine Belastbarkeit geringer, so muss auch die Trainingsbelastung während der Schwangerschaft niedriger angesetzt werden. Als grobes Maß gilt eine Belastungsintensität von 70 % der Belastung vor der Schwangerschaft.

Das potenziell erhöhte Verletzungsrisiko durch die Veränderungen im Muskel-Skelett-System ist bei Sportlerinnen geringer als bei weniger sportlichen Frauen, da sie verschiedene Belastungen und reaktive Bewegungen gewöhnt sind, ein feineres Körpergefühl im Sinne einer höheren Koordinationsfähigkeit haben und noch von einer austrainierteren stabilisierenden Muskulatur profitieren.

Doch wie kannst du nun konkret deine Belastungsintensität kontrollieren? Problematisch ist dabei das Wort „konkret". Wenn du nicht gerade von sportmedizinischem Personal betreut wirst und deine Pulswerte, deine maximale Sauerstoffaufnahme, Atemfrequenz, Körpertemperatur und Blutdruck in Echtzeit überwacht werden, können nur grobe Richtlinien und Messverfahren zur Bestimmung deiner Belastung herangezogen werden. Das ist kein Grund zur Sorge, doch an dieser Stelle ist es wichtig zu erwähnen, dass die folgenden Empfehlungen sehr allgemein gehalten sind und du mit deinen – teilweise genetisch bedingten – Vitalwerten durchaus etwas darüber oder darunter liegen kannst. Die Trainingsempfehlungen sind eher als grobe Orientierung zu betrachten und sollen dir vielmehr ein Verständnis für eine sensiblere und individuelle Trainingsplanung vermitteln.

Deine Trainingsintensität in der Schwangerschaft

BORG-Skala

Ein gutes Maß, um den subjektiven Grad der Anstrengung zu beschreiben, ist die so genannte „Borg-Skala". Sie umfasst deine eigene Belastungsempfindung von „überhaupt keine Anstrengung" bis „größtmögliche Anstrengung" auf einer Skala von 6 bis 20. Dein Ausdauertraining sollte so gewählt werden, dass es als „leicht" bis „etwas schwer" empfunden wird. Die Idee der Skala ist, dass die Skalenwerte multipliziert mit 10 in etwa deiner Herzfrequenz entsprechen. Demnach liegt dein optimaler Trainingsbereich während der Schwangerschaft auf der Skala bei 11 bis 14. Dies entspricht ungefähr einem Pulsbereich von 110 bis 140 Schlägen pro Minute. Bist du eine sehr ambitionierte Sportlerin oder Leistungssportlerin, die seit Jahren mehr als 5 x pro Woche trainiert und hohe Belastungen gewohnt ist, kannst du in den ersten beiden Trimestern die Pulsgrenze auf ca. 160 Schläge pro Minute erhöhen.

Pulsfrequenz

Gemäß Empfehlungen der „Deutschen Gesellschaft für Sportmedizin und Prävention" und anderen Komitees, die sich wissenschaftlich mit den Auswirkungen von Sport in der Schwangerschaft beschäftigen, sollte die Trainingsintensität ausschließlich im aeroben Bereich liegen und somit ein Pulswert von 140 Schlägen pro Minute während des Trainings in der Schwangerschaft nicht überschritten werden. Schwangere haben einen erhöhten Ruhepuls und eine geringere maximal erzielbare Herzfrequenz, weshalb auch die Herzfrequenzreserve unterhalb der anaeroben Schwelle niedriger ist. Die Herzfrequenzreserve ergibt sich aus deiner maximalen Herzfrequenz minus deiner Herzfrequenz in Ruhe und beschreibt den Spielraum deiner Herzfrequenz.

Talk Test

Sehr subjektiv, aber dafür einfach zu überprüfen ist der sogenannte Talk-Test. Wie der Name schon beschreibt, sollte deine Trainingsintensität in einem Bereich liegen, in dem du dich noch normal unterhalten kannst.

Allgemeine Hinweise für ein moderates Training

Dein Training während der Schwangerschaft sollte sich aus einem aeroben Ausdauertraining, einem moderaten Krafttraining an Geräten oder mit freien Gewichten und Ausgleichstraining in Form von Mobility, Yoga oder aktivem Stretching zusammensetzen.

Das Cardio-Training dient zur Erhaltung deiner Ausdauergrundlagen – also deiner „Puste" – und stärkt deine Belastbarkeit in Alltagssituationen wie Treppensteigen, Putzen, Einkäufe tragen, vielen und schnellen Positionswechsel. Außerdem fördert es deine Durchblutung und kurbelt deinen Stoffwechsel an. Als Leistungssportlerin kannst du ein angepasstes Basisausdauertraining weiterführen, da inzwischen belegt ist, dass hierdurch deine Ausdauerleistungsfähigkeit nur in geringem Maße abnimmt und nach dem Wochenbett schnell wieder erreicht werden kann. Als Cardiotraining bezeichnet man eine längere, konstante Belastung, die dich herausfordert über den Zeitraum eine bestimmte Leistung zu erbringen. Dabei gibt es verschiedene Intensitätsstufen, die von einer niedrigen, regenerativen Belastung bei etwa 50% deiner maximalen Herzfrequenz, bis zu einer sehr hohen, anstrengenden Belastung bei 90–100% maximaler Herzfrequenz reichen. In der Schwangerschaft muss die Belastungsintensität niedriger angesetzt werden, sodass sich immer noch ein moderates Ausdauertraining zwischen 50 und 70, bei sehr trainierten Frauen auch 80% der maximalen Herzfrequenz bewältigen lässt.

Das Krafttraining erhält weitestgehend deine Muskulatur, stärkt deinen Rücken, sodass er dem wachsenden Gewicht deines Bauches entgegenhalten kann und bereitet dich allgemein auf die neuen Herausforderungen vor. Dein eigenes Körpergewicht steigt und du musst es täglich selbst tragen. Du wirst dein Kind anfänglich viel auf dem Arm halten, was ebenfalls eine gute Grundmuskulatur erfordert und wahrscheinlich möchtest du schnellstmöglich wieder Alltagsaufgaben wie Einkaufstaschen tragen, Wäschekörbe herum hieven, Babyequipment verladen, etc. selbst übernehmen. Auch hierfür brauchst du eine ausgeglichene, trainierte Muskulatur.

Das Ausgleichstraining dient dem Entgegenwirken von Dysfunktionen und Haltungsabweichungen. Während deiner Schwangerschaft verändert sich nicht nur deine Körperhaltung, sondern auch dein Aktivitätslevel. Mit der Zeit sitzt und liegst du sicherlich mehr als sonst, hältst deine Beine dadurch vermehrt angezogen und rundest öfter den oberen Rücken. Um fasziale Verklebungen, muskuläre Einschränkungen und Bewegungsengpässe der Gelenke zu vermeiden, ist es wichtig, verkürzte oder verhärtete Strukturen wieder zu mobilisieren, heißt durchzubewegen, in die Länge zu ziehen und anzusteuern. Außerdem führen Mobilisations-, Atem- und Entspannungsübungen zu einer Verringerung schwangerschaftsbedingter Beschwerden wie Rücken-, Luft- oder Kreislaufproblemen und haben einen positiven Einfluss auf die Geburt.

Wie regelmäßig du nun also trainierst, bleibt dir überlassen, doch die Faustformel lautet: **„Lieber kürzer und häufiger, als einmal wöchentlich übertrieben lang."**

Ausgehend von den Empfehlungen der Welt-Gesundheits-Organisation wird zu sportlicher Betätigung in der Schwangerschaft an mindestens 5 Tagen der Woche geraten, bei einer Trainingsdauer von 30–60 Minuten.

Davon sollten 2–3 Trainingseinheiten das Ausdauertraining beinhalten, sowie 2–3 Trainingseinheiten kräftigende Übungen. Natürlich lassen sich auch beide Inhalte kombinieren, wobei es trainingswissenschaftlich sinnvoll ist, das Krafttraining vor dem Ausdauertraining zu absolvieren. Bei sportlich bisher wenig aktiven Frauen sollte die Trainingsdauer und -häufigkeit auf 3–4 Einheiten pro Woche à 30 Minuten gesteigert werden. Das Ausgleichstraining kannst du entweder separat einplanen oder es aber auch in deine Aufwärm- und Abwärmphase integrieren.

Achte stets auf eine angemessene Belastungsintensität und beachte beim Krafttraining, dass es nun in der Schwangerschaft mehr um deine Kraftausdauer als um deinen Muskelzuwachs geht. Daher lieber weniger Gewicht und mehr Wiederholungen. Wenn du mit Equipment oder an Geräten trainierst, dann sollte das Trainingsgewicht zwischen 40 und 60% deines Einwiederholungsmaximums (1-RM) liegen und die Wiederholungszahlen zwischen 15 und 30 pro Übungssatz. Beziehe alle großen Muskelgruppen und Bewegungsmuster (Kniebeuge, Ausfallschritt, Drücken, Ziehen, Beugen und Rotieren) mit ein. Bei Rotations- und Beugebewegungen aus der Brustwirbelsäule und Hüfte solltest du jedoch die „range of motion" reduzieren und auch auf zu starke Kompressionen der Bauchregion verzichten. Streiche spätestens ab dem 3. Trimester außerdem Übungen in Rückenlage. Diese können zu einer Einengung der großen Bauchvene und damit zur Rückflussbehinderung von Blut zum Herzen führen (Venacava-Kompressionssyndrom). Von einem Maximalkrafttraining ist dringend abzuraten, ebenfalls von Übungen mit einem erhöhten abdominalen Druck, da es zu einer reduzierten Durchblutung der Gebärmutter und somit einer Unterversorgung des Kindes kommen kann.

Ebenfalls sind Sportaktivitäten mit extremen Beschleunigungen, Stoppbewegungen oder schnellem Rotieren zu vermeiden. Das Kind dreht sich im Fruchtwasser wie ein Drehkreisel mit, allerdings durch seine träge Masse mit einer Verzögerung. Es besteht die Gefahr der Nabelschnurumschlingung und des Traumas.

Werfen wir noch einen Blick auf einzelne Sportarten. Kategorisiert werden Sportarten mit günstiger Auswirkung für Mutter und Kind, Sportarten mit Risiken und solche, die aufgrund des Verletzungsrisikos nicht zu empfehlen sind.

Sportarten mit günstiger Auswirkung für Mutter und Kind

- Wandern, Walking, Jogging, Nordic Walking, Skilanglauf, Fitness

- sportliche Aktivitäten auf max. 1400 bis 2000m Höhe

- Radfahren in der Ebene oder auf dem Ergometer

- Schwimmen (Brustschwimmen, Kraulen oder Rückenlage)*

*Schwimmen eignet sich besonders bei Schwangeren, die zu Ödemen neigen. Durch den hydrostatischen Druck im Wasser kommt es zu einer Umverteilung von Flüssigkeit aus dem extravasalen Raum und den oberflächlichen Venen in die großen, venösen Gefäße und damit zu einer Erhöhung des intravasalen Volumens. Folglich werden die Nieren besser durchblutet und die Harnausscheidung erhöht. Ödeme können somit besser ausgeschwemmt werden. Entgegen weitläufiger Meinung ist das Risiko für Vaginal- oder Amnioninfektionen durch Schwimmen nicht erhöht, solange der Muttermund noch geschlossen ist. Darüber hinaus stellt Schwimmen eine gelenkschonende Belastungsform dar. Die Wassertemperatur sollte nicht unter 20 °C und nicht über 33 °C liegen, um zusätzliche Kreislaufreaktionen zu vermeiden.

Sportarten mit deutlichen Risiken

- schnelleres Laufen, Rudern, Geräteturnen, Tennis, Squash, Badminton, Tischtennis, Segeln, Golf, Hochsprung, Weitsprung, Kugelstoßen, Diskuswerfen, Hammerwerfen, Inline-skating

Nicht zu empfehlende Sportarten aufgrund ungewisser Sauerstoffversorgung des Kindes und erheblicher Verletzungsgefahr

- Sportarten mit erhöhtem Sturz- und Verletzungsrisiko (Reiten, Klettern, alpines Skifahren, Mountainbiking, Eiskunstlauf, Geräteturnen, Wasserski, Surfen, Fallschirmspringen, Gleitschirmfliegen, Bungee-Jumping usw.)

- Mannschafts-, Kontakt- und Kampfsportarten (Ballsportarten, Fechten, Judo, Karate, Boxen usw.)

- Flaschentauchen

- körperliche Anstrengungen über 2000 m Höhe

- Marathonlauf, Triathlon

- Bodybuilding und Gewichtheben

Geburt und Wochenbett

Entgegen früherer Auffassungen verläuft die Entbindung einer Sportlerin nicht schwerer oder anstrengender als bei einer nichtsportlichen Frau. Zwar kann die Eröffnungsphase bei der Geburt bei einer Leistungssportlerin verlängert, jedoch die Austreibungsphase sowie die Gesamtgeburtsdauer verkürzt sein. Du hast durch deine langjährige Trainingserfahrung gelernt, deinen Körper besser einzuschätzen und mit Schmerzen entspannter umgehen zu können. Dies kann sich trotz muskulär besser ausgebildetem Körper entscheidend auf die Geburtsdauer auswirken. Der Wochenbettverlauf ist wegen der positiven Auswirkungen der körperlichen Fitness eher unkompliziert zu betrachten.

Nun interessiert dich wahrscheinlich noch, wann du nach der Entbindung endlich wieder richtig trainieren kannst. Pauschale Aussagen lassen sich hier allerdings kaum treffen. Der Zeitpunkt deines Wiedereinstiegs hängt von vielen Faktoren ab, wie z.B. deinem körperlichen und psychischen Zustand, dem Heilungsverlauf von Geburtsverletzungen, dem Ausmaß deiner Beckenbodenschwäche und der Rektusdiastase sowie der Eingewöhnung mit deinem Kind.

Bei Ausbleiben jeglicher Komplikationen und unauffälligem Wochenbettverlauf kann ein systematischer Trainingsaufbau etwa vier Wochen nach der Entbindung beginnen. Dabei muss auf ein langsames, konsequentes Wiederaufbautraining des Sehnen-, Band- und Muskelapparates neben der Wiederherstellung der kardiopulmonalen Leistungsfähigkeit besonderer Wert gelegt werden. Der größte Fokus ist auf die erneute Festigung des Beckenbodens und die Verminderung der Rektusdiastase zu legen. Gezieltes Beckenbodentraining sollte als erstes begonnen und bis zu 6 Monate fortgesetzt werden. Bei Sportarten mit hohen Belastungen von Sehnen, Bändern und der Muskulatur ist wegen der Verletzungsanfälligkeit frühestens nach 12 Wochen wieder ein volles Training zu empfehlen.

Wenn du stillst und wieder intensiven Sport treibst, musst du deine Trinkmenge nochmals deutlich steigern, um den zusätzlichen Flüssigkeitsverlust durchs Schwitzen zu ersetzen. Anderenfalls geht die Milchbildung zurück, was zum Wohle deines Kindes zu vermeiden ist. Bei erschöpfender, körperlicher Belastung droht sich auch die Milchqualität zu ändern. Die mütterliche Laktatazidose führt zu einem säuerlichen Milchgeschmack. Verzichte daher noch ein wenig auf anaerobe Belastungen.

FAZIT

Die Ansicht, Sport in der Schwangerschaft sei schädlich für Mutter und Kind ist längst überholt. Es überwiegen die positiven Aspekte des Sports während der Schwangerschaft, wie der Erhalt der körperlichen Fitness, die Vermeidung von überdurchschnittlicher Gewichtszunahme, eine Besserung der Insulintoleranz, Schmerzlinderung, das Vorbeugen von Schwangerschaftskomplikationen, Erleichterungen des Geburtsvorganges hinsichtlich der Schmerztoleranz und vor allem der mütterlichen Regeneration nach der Geburt. Unter Ausschluss von Komplikationen können sportliche Aktivitäten bei Eintritt einer Schwangerschaft beibehalten werden, wobei die Intensitäten und Übungsvarianten im zweiten und dritten Trimester reduziert werden. Was du wie an Sport machen kannst, darfst und sollst, ist individuell höchst verschieden. Ausschlaggebend für Trainingsempfehlungen sind Trainingserfahrung und Fitnesslevel vor Eintritt der Schwangerschaft sowie der Schwangerschaftsverlauf und der aktuelle Gesundheitszustand. Als grobes Maß gilt eine Belastungsintensität von 70 % der Belastung vor der Schwangerschaft. Dein Training während der Schwangerschaft sollte sich aus einem moderaten Ausdauertraining bei 50–70 % deiner maximalen Herzfrequenz, einem modifizierten Krafttraining an Geräten oder mit freien Gewichten und Ausgleichstraining in Form von Mobility, Yoga oder aktivem Stretching zusammensetzen. Trainiere weiterhin alle großen Muskelgruppen und Bewegungsmuster, reduziere jedoch bei Rotations- und Beugebewegungen aus der Brustwirbelsäule und Hüfte das Ausmaß deiner Bewegung. Ganz abzuraten ist von Übungen im Maximalkraftbereich und allen mit einem erhöhten abdominalen Druck, da es zu einer reduzierten Durchblutung der Gebärmutter und somit einer Unterversorgung des Kindes kommen kann.

Mein Trainingsprogramm während der Schwangerschaft

Um gleich einmal das Wichtigste vorwegzunehmen, hatte ich, abgesehen von ein paar subjektiven Leiden, keine ernsthaften Schwangerschaftskomplikationen, was es mir ermöglicht hat, mich von Anfang bis Ende körperlich fit zu halten. Bewegung und Sport haben mir in der ganzen Zeit eher gutgetan, sowohl körperlich als auch geistig, als dass es mich überanstrengt und zusätzliche Energie gekostet hätte. Guten Gewissens kann ich sagen, dass es genau 3 Tage in meiner Schwangerschaft gab, in denen ich, außer einem Spaziergang, kein explizites Training absolviert habe. Es gibt Frauen, die gegen Ende hin sehr starke Beschwerden haben und denen es kaum mehr möglich ist, sich körperlich aktiv zu betätigen. Ich rate dazu, von Fall zu Fall individuell und vor allem selbst zu entscheiden, wie du dich fühlst und was du glaubst, was dir guttun könnte.

Trotz der Übelkeit im 1. Trimester habe ich, nachdem ich erfahren hatte, dass ich schwanger bin, erstmal wie gewohnt weitertrainiert. Warum auch nicht? Ich hätte es nicht besser gewusst. Nun, auch ich musste mich zunächst orientieren, und das war damals ja auch erst der Zeitpunkt, an dem ich mich dazu entschied, mich tief in diese Materie einzuarbeiten und darüber sogar ein Buch zu schreiben. Nach ausgiebiger Recherche war ich auf dem aktuellen Wissensstand zum Thema Training in der Schwangerschaft „Was darf ich, kann ich, soll ich und zu welchem Zeitpunkt" und konnte beruhigt mein Training planen. Nicht, dass ich mir neue Ziele setzte und strikt nach Plan trainieren wollte, aber ganz der Willkür sollte meine Tagesplanung doch nicht ausgesetzt sein. Grob bestand mein Training, wie zuvor auch, aus 2 Einheiten Krafttraining, 2 Einheiten Grundlagenausdauertraining (Joggen oder Radfahren), 2 Workouts (sportartspezifisch ausgelegt auf Kraft und anaerobe Ausdauer) und einer ausgiebigen Mobility- oder Yoga-Session. Nebenher zähle ich noch das „Mitturnen" bei meinen Personal-Trainingskunden und den damals zeitgleich begonnenen Online Live-Workouts aufgrund der Corona-Krise. Worauf ich bei den Workouts im ersten Trimester achtete, war, dass ich die Intensität durch Gewicht oder Tempo reduzierte. An den klassischen Vorgaben eines High-Intensity-Trainings hielt ich nicht mehr fest, um nicht Gefahr zu laufen, meinem Kind durch die mangelnde Durchblutung der Bauchorgane, die steigende Körpertemperatur oder zu großen Impacts zu schaden. Bei meiner maximalen Herzfrequenz von 190 Schlägen die Minute versuchte ich durch das Tragen einer Pulsuhr meinen Puls nicht höher als 140 (knappe 75%) zu treiben. Als Konsequenz bedeutete das, dass ich beim Laufen das Tempo verlangsamte und Strecken mit einer Distanz von 5–12 km wählte, im schweren Kraftbereich (Hypertrophie) höchstens 70% meines Maximalgewichtes stemmte und bei den Workouts, die eher kraftausdauerlastig waren, die Länge der Übung verkürzte, sodass mein Puls gar nicht erst so hoch wie sonst wurde. In dieser frühen Phase der Schwangerschaft habe ich noch keine Rumpfübungen ausgelassen, nach wie vor ausgiebig gedehnt und rotiert und die Bauchlage war noch problemlos möglich.

Meine Erfahrung war, dass ich durch das tägliche Training einigermaßen gut über die Übelkeit hinwegkam. Immer wenn ich an der frischen Luft war oder meinen Kreislauf durch die Bewegung in Schwung gebracht habe, ging es mir zumindest eine Zeit lang anschließend besser.

Die ersten größeren Modifikationen begannen bei mir zu Beginn des 2. Trimesters, hauptsächlich aus Vernunftgründen. Ich reduzierte beispielsweise den Radius meiner Rotationsbewegungen, um Quetschungen meiner Bauchregion zu vermeiden, ließ den geraden Bauchmuskel aus meinem Core-Training aus und versuchte, möglichst wenig in Bauchlage zu trainieren. Ca. ab dem 5. Schwangerschaftsmonat bemerkte ich langsam, wie meine Leistungsfähigkeit abnahm. Ich war schneller außer Atem und nach dem Training häufiger müde. Bei manchen Übungen, die zwar nicht isoliert die Bauchmuskulatur trainieren, aber eine hohe

Bauchspannung erfordern (z. B. Klimmzüge, Mountain Climber, Push-Ups) verspürte ich plötzlich ein leichtes bis stärkeres Ziehen im Unterbauch, was sich nicht gut anfühlte. Das war der Moment, als ich begann, Übungen zu modifizieren. Liegestütz nur noch auf Knien, statt Klimmzüge eher verschiedene Ruderbewegungen im Stand von oben, vorne oder unten, weiterhin Squats, aber nicht mehr so tief wie vorher (Box-Squats), keine Medizinballwürfe mehr, sondern kontrolliertes Hochdrücken von Gewichten, Sprünge nur noch in sehr abgeschwächter Variante. Auch die Laufstrecken wurden kürzer, weil mein Bauch bereits nach kurzer Zeit hart wurde und schmerzte. In diesem Stadium der Schwangerschaft ein Anzeichen dafür, dass die Belastung zu hoch ist.

Weitere Modifikationen nahm ich ab dem 3. Trimester vor. Inzwischen war mein Bauch doch beachtlich rund, auch wenn ich sonst keine körperlichen Einschränkungen oder Auffälligkeiten hatte. Der Bauchumfang bedeutete jedoch, dass ich für jede Übung im Stand eine viel breitere Ausgangsposition wählen musste und bei allen Beugebewegungen darauf achtete, dass der Bauch zwischen den Beinen ausreichend Platz hatte und mein Rücken gestreckt blieb. Die größte Veränderung war, dass ich das Joggen einstellte. Nicht nur aus dem Risiko heraus, dass durch das zusätzliche Gewicht im Bauch die Organbänder und der Beckenboden ausleiern könnten, sondern weil es einfach nicht mehr angenehm war. Ich hatte das Gefühl, ich müsse den Bauch bei jedem Aufkommen festhalten und er wurde auch sofort hart und zog. Radfahren war zu Beginn des letzten Schwangerschaftsdrittels eine gute Alternative, wobei mir schnell die sitzende, drückende Position ungemütlich wurde und auch der Fahrstil durch die „Froschhaltung" nicht wirklich funktionell wirkte. Mein „Cardio-Training" bestand bis zum Ende der Schwangerschaft folglich nur noch aus Walken und schnellerem Spazierengehen. Auch der Übungspool reduzierte sich weiter. Vermehrt taten mir Übungen weh oder ich spürte die Belastung schmerzhaft in der Ruhephase nach dem Training. Grundsätzlich habe ich im letzten Trimester nur noch mit meinem eigenen Körpergewicht und Fitnessbändern trainiert, habe die Sätze und Wiederholungen hochgeschraubt, dafür den Bewegungsumfang und die Intensität noch weiter herunter. Übungen, die mir bis zum Ende blieben und die ich auch wirklich weiterempfehlen kann sind:

Kniebeugen

- Box-Squats (alternativ Kniebeugen mit Absetzen auf einen Stuhl)
- Kniebeugen mit Mini Band um die Oberschenkel herum
- Kniebeugen mit Fersenheben
- Kniebeugen mit Superband und overhead press
- Wandsitz

Ausfallschritte

- Kleine Ausfallschritte auf eine niedrige Erhöhung
- Halbe Ausfallschritte vorwärts oder rückwärts
- Kleine Ausfallschritte mit Kniehub
- Beinabduktion im Stand
- Seitliche Ausfallschritte

Beugeübungen aus der Hüfte

- Good mornings mit weitem Stand
- Einbeiniges Kreuzheben
- Leichte Lateralflexion
- Hip Thrusts aus der Rückenlage

Push-Übungen

- Liegestütze aus dem Vierfüßlerstand
- Seitstütz mit angewinkelten Beinen
- Schulterdrücken mit Superband
- Trizeps Dips am Stuhl oder Sessel
- Brustdrücken mit Superband im Stand

Pull-Übungen

- Leicht vorgebeugtes und aufrechtes Rudern
- Bizeps Curls
- Seitheben mit Superband

Interessant sind wohl bei vielen schwangeren Frauen aus sport-licher Sicht die letzten Tage vor der Geburt. Je nachdem, wann dein Kind kommt, überraschend, früher, zum Termin oder sogar später, werden die meisten Frauen sehr ungeduldig. So ging es mir auch. Da ich die letzten Wochen vor dem errechneten Geburts-termin zu Hause war, brauchte ich eine neue Routine, denn auf Sport wollte ich weiterhin nicht verzichten. Ich gewöhnte mir an, jeden Morgen nach einem kleinen Frühstück 30–45 Minuten mein Hochschwangeren-Workout zu absolvieren. Wie bereits er-wähnt, viel war nicht mehr möglich, schon gar keine große Ab-wechslung. Als kleine Inspiration habe ich für dich ein paar dieser Workouts schriftlich festgehalten. Jede Session begann mit 10–15 Minuten Ganzkörpermobilisation im Stand und auf den Knien. Anschließend folgten verschiedene vereinfachte Übungsvarian-ten aus den Bewegungsmustern „Kniebeuge", „Ausfallschritt", „Drücken", „Ziehen" und „Beugen". Zum Schluss ein kleines Stretching für verhärtete, bzw. verkürzte Strukturen wie die hin-tere Beinkette, den Hüftbeuger und die Brust, gefolgt von einer kurzen Meditation, in der ich den inneren Dialog mit meinem Kind suchte. Nach einigen Stunden der Pause, die ich meist mit Computerarbeiten, Lesen oder Telefonieren verbrachte, gingen mein Mann und ich täglich noch gemeinsam 45 Minuten spazieren. Das wurde zu einem richtigen Ritual. Er nahm sich in den letzten zwei Wochen vor Geburtstermin Urlaub, sodass wir viel Zeit miteinander verbringen konnten. Da andere Aktivitäten kaum noch möglich waren, war dieser tägliche Spaziergang unsere Zeit für Gespräche über unsere Gedanken, Projekte, Sorgen und Zukunftsideen, gleichzeitig aber auch die Zeit an der frischen Luft, was gerade im Winter wichtig ist, um das Immunsystem zu stärken, der trockenen Heizungsluft zeitweise zu entfliehen und den Blick in die Weite richten zu lassen. Auch die Augen benötigen verschiedene Reize. Diese Routine behielt ich bis zum Tag der Geburt unseres Sohnes bei und kann dir im Nachhinein sehr empfehlen, dir eine ähnliche Routine anzueignen, die dir abwechselnd Ruhe und Bewegung gibt, dich von eventuellen Beschwerden und Sorgen ablenkt und dir vor allem in der Zeit des Abwartens eine gewisse Struktur vorgibt, damit du dir nicht ganz nutzlos und ausgeliefert vorkommst, solltest du normalerweise ähnlich angetrieben und aktiv sein wie ich.

Beispielhafte Workouts im 3. Trimester

Hochschwangeren-Workout 1	Hochschwangeren-Workout 2	Hochschwangeren-Workout 3
10min Ganzkörper-mobilisation	10min Ganzkörper-mobilisation	10min Ganzkörper-mobilisation
„Supersatz"-Workout im eigenen Tempo	**„300/600"-Workout** im eigenen Tempo	**„50 for time"-Workout** im eigenen Tempo
3 Supersätze: 20x Mini Band Squats + 20x Good Mornings	50-100 Air-Squats mit weiter Fußposition	50 Side Taps mit Armbewegung (modifizierte Jumping Jacks) 50 Air-Squats
3 Supersätze: 20x kleine Ausfallschritte vorwärts (total) + 20x einbeiniges Kreuzheben (total)	50-100 Good Mornings	50 Side Taps mit Armbewegung (modifizierte Jumping Jacks) 50 Push-Ups im Vierfüßlerstand
3 Supersätze: 20x vertikales Schulterdrücken mit Superband + 20x Brustdrücken mit Superband um den Rücken	50-100 Lunges mit Kniehub (25/25)/(50/50)	50 Side Taps mit Armbewegung (modifizierte Jumping Jacks) 50 Front Lunges (total) mit kleiner Bewegungsamplitude
3 Supersätze: 20x vorgebeugtes Rudern mit Superband + 20x Bizeps Curls mit Superband	50-100 Push-Ups im Vierfüßlerstand	50 Side Taps mit Armbewegung (modifizierte Jumping Jacks) 50 Good Morning mit Armen verschränkt vor der Brust

5min Stretching	50-100 Hip Thrusts aus Rückenlage (nur wenn kein vena-cava Kompressionssyndrom vorliegt!)	50 Side Taps mit Armbewegung (modifizierte Jumping Jacks) 50 Good Morning mit Armen verschränkt vor der Brust
5-10min Meditation oder Atemübungen	50-100 Trizeps-Dips am Stuhl	50 Side Taps mit Armbewegung (modifizierte Jumping Jacks) 50 Front Lunges (total) mit kleiner Bewegungsamplitude
	5min Stretching	50 Side Taps mit Armbewegung (modifizierte Jumping Jacks) 50 Push-Ups im Vierfüßlerstand
	5-10min Meditation oder Atemübungen	50 Side Taps mit Armbewegung (modifizierte Jumping Jacks) 50 Air-Squats
		5min Stretching
		5-10min Meditation oder Atemübungen

Abb. 1: Beispielhafte Workouts im 3. Trimester. Eigene Darstellung,
Trainingsplanung von Heldentraining – Franziska Piel.

(Sport-) Ernährung in der Schwangerschaft

Als Sportlerin wirst du dich wahrscheinlich schon mehr oder weniger ausführlich mit dem Thema Ernährung auseinandergesetzt haben. Sei es zum Zwecke der Gewichtsregulation, der optimalen Nährstoffzufuhr, Lebensmitteleliminationen, oder einfach, weil du bereits mit verschiedenen Ernährungsphilosophien experimentiert hast. Auch in der Schwangerschaft solltest du dich ausgiebig mit deiner Ernährung beschäftigen, vor allem dann, wenn du weiterhin regelmäßig Sport treibst.

„Jetzt darfst du für zwei essen!" Diese Aussage hast du bestimmt schon einmal gehört und sie klingt verlockend. Keine mühsame Diätzusammenstellung mehr, den plötzlichen Gelüsten nachgehen und keine Kalorien mehr zählen, sondern einfach rein damit!? So leicht ist es leider nicht und es kann fatale Folgen haben. Natürlich isst du in der Schwangerschaft für zwei, denn über die Nabelschnur wird dein Kind ja mitversorgt, doch bezieht sich dieser Satz vielmehr auf die Qualität statt auf die Quantität. Du möchtest dich schließlich weiterhin gut fühlen, nicht wie ein rollendes Etwas, und auch nach der Schwangerschaft möglichst schnell deine Idealfigur wieder zurückerlangen, oder?

In dieser Hinsicht spielt deine Gewichtszunahme in der Schwangerschaft, vor allem aber dein Ausgangsgewicht zu Beginn der Schwangerschaft eine große Rolle. Beide Größen haben nachgewiesenermaßen einen Einfluss auf das spätere Übergewichtsrisiko und die Gesundheit deines Kindes. Im Verhältnis zum Energiebedarf steigt dein Bedarf an einzelnen Vitaminen und Mineralstoffen in der Schwangerschaft deutlich stärker an. Dein Energiebedarf erhöht sich entgegen verbreiteter Vorstellung nur leicht und steigt erst in den letzten Monaten vor der Entbindung an.

Der Mehrbedarf liegt bei gerade einmal etwa 10 % und ist dem fetalen Wachstum geschuldet. In Deutschland liegen die Richtwerte für die Nährstoffzufuhr bei Frauen, die sich körperlich weiterhin aktiv betätigen, bei einer zusätzlichen Energiezufuhr von 250 kcal/Tag im 2. Trimester und 500 kcal/Tag im 3. Trimester. Wenn du jedoch deine körperliche Aktivität herunterfährst, solltest du auch die Energiezulage wieder vermindern.

Um was es vielmehr geht, ist eine ausgewogene, gesunde Ernährung. Also eine optimale Aufteilung der Makronährstoffe in Form von natürlichen Lebensmitteln, mit zusätzlicher Rücksicht auf eine ausreichende Vitalstoffzufuhr und einer Vermeidung von Mangelzuständen. Klingt schon etwas kompliziert, zumal vielleicht einige Lebensmittel aus deiner Auswahl herausfallen, weil du einem bestimmten Ernährungstrend wie Low Carb, Low Fat, Paläo, vegetarisch, vegan, ketogen, etc. ernährst?

Ernährung ist vielseitig und individuell. Es gibt nicht die „richtige" Ernährung, die für jeden passt. Menschen sind unterschiedlich und vertragen das eine besser als das andere. Es gibt Menschen, die beispielsweise eine stabile Insulinachse haben und problemlos Kohlenhydrate konsumieren können, andere leiden unter extremen Blutzuckerschwankungen, sind insulinresistent und nehmen schnell zu. Die einen fühlen sich unter Verzicht von Gluten und Laktose vital und leistungsfähig, andere fühlen sich bei einem hohen Proteinkonsum schwer, aufgedunsen und schlapp.

Es geht nun also nicht darum, Empfehlungen hin zu einer gewissen Ernährungsform auszusprechen, sondern grundsätzliche Dinge zu erklären, die in Bezug auf die Ernährung in der Schwangerschaft für jede Frau gültig sind. Neben den wichtigen Quellen und Mengen an Makro- und Mikronährstoffen gibt es für dich zum Schutze vor Infektionen durch Lebensmittel in der Schwangerschaft folgende Empfehlungen: vermeide rohe (oder nahezu rohe) tierische Lebensmittel. Auch wenn du ein Fan von Medium- oder Rare-Steak bist, es sollte in den nächsten Monaten besser „durch" sein. Durch die Erreger von Listeriose und Toxoplasmose kann es zu schweren Erkrankungen und auch zu Früh- und Totgeburten kommen. Ebenfalls verzichten solltest du aus diesen Gründen auf Salami, Rohwurst und Weichkäse. Eier, die nicht komplett durchgegart sind, bergen das Risiko einer Salmonellose, welche dir und deinem Kind schaden kann. Du kannst Eier essen, sie sollten aber durchgegart sein. Alkohol sollte grundsätzlich ab Bekanntwerden deiner Schwangerschaft bis über die Stillzeit hinaus tabu sein, sowie das Rauchen und andere Drogen. Dazu aber später mehr.

Ausgehend davon, dass du dich, zumindest grob, mit den Makronährstoffen (Kohlenhydrate, Fette, Proteine) auskennst und weißt, dass es zu jedem Makronährstoff noch Unterkategorien gibt, wird dir beispielsweise bekannt sein, dass es wenig Sinn macht, sich regelmäßig an Süßigkeiten satt zu essen. Als Sportlerin würde dies deine Leistung erheblich beeinträchtigen, zusätzlich als Schwangere noch viel mehr.

Unter gesunder Ernährung wird eine abwechslungsreiche, ausgewogene und frische Mischkost verstanden, die ruhig fantasievoll zubereitet sein darf. Fälschlicherweise assoziieren viele Menschen mit gesundem Essen sofort negative Begriffe wie Verzicht, Einschränkungen oder Abstinenz.

Für diejenigen, die Essen allgemein mit Lebensfreude und Genuss in Verbindung bringen, ist oft schon eine positive Verbindung zu gesunder Ernährung vorhanden. Wer jedoch jeden Tag Fastfood zu sich nimmt, verliert mit der Zeit den eigentlichen Bezug zum Essen und zu seinem Geschmackssinn. Meist ist dieses Verhalten eine Ersatzlösung aus Mangel an Zeit und zu viel Stress. Doch gerade in Situationen, in denen du stärker belastet bist, wie z.B. in der Schwangerschaft, gewinnt gesunde Ernährung noch mehr an Bedeutung.

Wer viel Obst und Gemüse, mehr Ballaststoffe, dafür weniger Fett und Zucker zu sich nimmt, isst nicht nur gesund, sondern wird sich auch besser fühlen! Das Immunsystem wird gestärkt, du bist energiegeladener, deine Konzentration wird besser und dein Bewegungsdrang wird größer. Zudem gewinnt dein Speiseplan an Vielfalt, Abwechslung und neuen leckeren Geschmackserlebnissen.

Basisernährung

Flüssigkeit (Wasser, ungesüßter Tee, etc.)

Eiweiß (Fleisch, Fisch, Milchprodukte,
Eier, Getreide, Hülsenfrüchte, etc.)

Kohlenhydrate (Obst, Gemüse, Kartoffeln, Reis,
Teigwaren, Getreideprodukte, Zucker etc.)

Fette (Butter, Öle, versteckte Fette in Fleisch-, Milch-,
Fertigprodukten, Süßigkeiten, etc.)

Vitaminen

Mengen und Spurenelementen
(Magnesium, Calcium, Zink, Jod, Selen, etc.)

Tabelle 1: Die Basisernährung. Eigene Darstellung.

Die gute Nachricht ist: Alle chemischen Substanzen, die du brauchst, sind in den natürlichen Lebensmitteln enthalten. Es gibt Lebensmittel pflanzlicher und tierischer Herkunft. Trotz der großen Zahl der Nahrungsmittel bestehen sie nur aus drei chemisch definierten Gruppen von Hauptnährstoffen:

- Kohlenhydrate
- Proteine
- Fette

Zusammen mit diesen Hauptnährstoffen werden bei einer gemischten Kost noch Vitamine und Mineralstoffe zugeführt.

Die Hauptnährstoffe (Makronährstoffe)

Kohlenhydrate

Kohlenhydrate lassen sich auf einen kleinsten gemeinsamen Nenner herunterbrechen, nämlich Glucose. Der Einfachzucker Glucose ist der wichtigste Energieträger des menschlichen Körpers.

Alle mit der Nahrung zugeführten Kohlenhydrate werden im Körper zu Glucose umgewandelt. Kohlenhydrate sind eine Aneinanderreihung von Zuckermolekülen. Deshalb sind auch alle Zucker Kohlenhydrate. Meistverbreitet sind die Einfachzucker (Monosaccharide) mit fünf oder sechs C-Atomen. Zwei- und Mehrfachzucker bestehen aus über glycosidische Bindungen verketteten Einfachzuckern. Monosaccharide und Mehrfachzucker sind im Allgemeinen wasserlöslich, haben einen süßen Geschmack und werden als Zucker bezeichnet, wobei die subjektiv schmeckbare Süße mit zunehmender Länge der Ketten abnimmt.

Monosaccharide:
- Glucose (Traubenzucker oder Dextrose)
- Mannose (ein Isomer der Glucose)
- Fructose (Fruchtzucker)
- Ribose (Teil der RNA)
- Desoxyribose (Teil der DNA)
- Galactose (Schleimzucker)

Disaccharide:
- Saccharose (Glucose + Fructose) = „Haushaltszucker"
- Lactose (Milchzucker) Glucose + Galactose))
- Maltose (Malzzucker) Glucose + Glucose))
- Trisaccharide:
- Raffinose (Galactose, Glucose und Fructose)

Vielfachzucker (Polysaccharide):

• Stärke
• Cellulose (Hauptbestandteil von pflanzlichen Zellwänden)
• Glykogen (tierische Stärke oder Leberstärke)
• Chitin (Zellwand von Pilzen und des Exoskeletts von Arthropoden)

Polysaccharide sind schlecht oder gar nicht in Wasser löslich und geschmacksneutral.

Ballaststoffe

Zu den Kohlenhydraten zählen außerdem Ballaststoffe. Ballaststoffe sind pflanzlichen Ursprungs und unverdaulich; sie können durch die Enzyme im Verdauungstrakt nicht zerlegt und vom Stoffwechsel daher nicht verwertet werden. Sie wurden daher lange Zeit von den Ernährungswissenschaftlern als Ballast bezeichnet, wovon sich dann ihr Name ableitete. Sie kommen unter anderem in Getreide, Obst, Gemüse, Hülsenfrüchten und in geringen Mengen in Milch vor. Ballaststoffe quellen im Magen auf, dadurch nimmt ihr Volumen zu und es kommt zur Verstärkung des Sättigungsgefühls. Im Darm sorgen Ballaststoffe durch weitere Wasserbindung für eine Zunahme der Stuhlmenge, die auf die Darmwände Druck ausübt und dadurch die Peristaltik anregt. Aus ballaststoffreicher Nahrung werden die Kohlenhydrate im Darm langsamer aufgenommen, was zu einem geringeren Blutzuckeranstieg nach dem Essen führt. Hungersignale sendet das Gehirn erst bei sinkendem Blutzuckerspiegel aus. Ballaststoffe können bis zum 100-fachen ihres Eigengewichts an Wasser binden, deshalb ist bei einer erhöhten Ballaststoffzufuhr auch an eine Erhöhung der Flüssigkeitszufuhr zu denken. Mit der Flüssigkeit binden Ballaststoffe auch Mikroorganismen, Cholesterin, Schadstoffe und Gallensäure, was sich positiv auf den Organismus auswirkt. Sie binden aber auch Mineralstoffe, die ebenfalls ausgeschieden werden. Bei ausgewogener Mischkost stellt das kein

Problem dar, bei separater Ballaststoffzufuhr kann längerfristig jedoch ein Mineralstoffmangel auftreten.

Die Mindestzufuhr an Ballaststoffen sollte bei 30 g täglich liegen. Allein mit Obst und Gemüse ist dies nicht zu schaffen, deshalb ist der Verzehr von Vollkornprodukten und Hülsenfrüchten auch während der Schwangerschaft empfohlen. Allerdings können sie auch Blähungen verursachen, vor allem bei der Umstellung auf ballaststoffreichere Kost. Grund ist der in Vollkornprodukten enthaltene Schutzstoff der Pflanze Phytin. Es sitzt in den randnahen Schichten des Getreidekorns (von Hafer, Weizen, Roggen). Phytin kann bei empfindlichen Menschen zu Bauchschmerzen führen.

Je nach Aufbau und Molekülstruktur werden die verschiedenen Zuckerverbindungen unterschiedlich schnell im Darm resorbiert. Die Resorption erfolgt in Form von Monosacchariden. Alle anderen Kohlenhydrate müssen erst enzymatisch verdaut werden, bevor sie zur Energiegewinnung genutzt werden können. Ganz gleich, welche Art von Kohlenhydraten, für den Transport von Glucose in die Körperzellen wird Insulin aus der Bauchspeicheldrüse benötigt. Polysaccharide lassen den Blutzucker allerdings nach dem Essen viel langsamer ansteigen, weil die langen Ketten vor der Aufnahme in die Blutbahn erst in einzelne Glucosemoleküle zerlegt werden müssen.

Werden Kohlenhydrate nicht für die Energiegewinnung verbraucht, wird aus Glucose der Speicherzucker Glykogen aufgebaut und in Leber und Muskulatur abgespeichert, um sie bei Bedarf zu gebrauchen. Sind die Glykogenspeicher voll, wird die restliche Glucose in Fett umgewandelt und wandert in die Fettdepots.

Glykämischer Index und glykämische Last (GLYX, GL)

Um die Wirkung der einzelnen Kohlenhydrate auf den Körper zu definieren, wurde vor über 20 Jahren der glykämische Index (GLYX) entwickelt. Er beschreibt, wie stark der Blutzucker und infolgedessen der Insulinspiegel nach Verzehr eines kohlenhydrathaltigen Lebensmittels ansteigt. Als Referenzwert für den GI wurde der Anstieg der Blutzuckerkonzentration nach dem Verzehr von 50 g Glucose/Traubenzucker auf 100 festgelegt. Der GI von Glucose (100) gilt als der höchste GI-Wert. Je höher der GLYX, desto volatiler auch der Blutzuckerspiegel, mit hohen Ausschlägen in beide Richtungen. Speisen mit niedrigem GLYX halten den Blutzuckerspiegel konstant, ohne größere Spitzen. Der GLYX teilt Nahrungsmittel in drei Gruppen ein: hoher GLYX (>70), mittlerer GLYX (50–70) und niedriger GLYX (<50). Dabei beziehen sich die Werte nicht auf 100 g des Lebensmittels, sondern nur auf 50 g Kohlenhydrate aus diesem Lebensmittel. Der GLYX allein ist daher für die alltägliche Ernährung wenig praxisgerecht. Eine Verbesserung des GLYX stellt die sogenannte Glykämische Last (GL) dar. Sie berücksichtigt zum jeweiligen GLYX den Kohlenhydratgehalt und die übliche Verzehrmenge der einzelnen Lebensmittel. Die GL ist das Produkt aus GI und Menge. Darüber hinaus hängt die tatsächliche Blutzuckerreaktion stark davon ab, welche Lebensmittel bei einer Mahlzeit zusammen verzehrt werden. Ideal ist eine Kombination aus ballaststoffreichen und proteinhaltigen Lebensmitteln. (z. B. Müsli mit Joghurt, Vollkornbrot mit fettreduziertem Käse). Diabetiker und übergewichtige Personen sollten sich näher mit dieser Nahrungsmittelkategorisierung beschäftigen, um die Wirkung ihrer Ernährung besser auf ihr Krankheitsbild abzustimmen.

Die Wirkung von Nahrungsmitteln auf deinen Blutzuckerspiegel hat aber auch in der Schwangerschaft, besonders gegen Ende, eine große Bedeutung. Dein Blutzuckerspiegel hat nämlich Einfluss auf die Prostaglandin-Synthese. Prostaglandine sind hormonähnliche Substanzen, die sowohl für entzündliche und schmerzvermittelnde Prozesse, gleichzeitig aber auch für die Entwicklung der Geburtsreife des Gebärmutterhalses mit zuständig sind. Prostaglandine werden am Ende der Schwangerschaft durch die erhöhte Cortisol-Ausschüttung des Kindes in der Plazenta gebildet. Zusätzlich bildet dein Körper, unterstützt vom hohen Östrogenspiegel, eigene Prostaglandinrezeptoren rund um den Gebärmutterhals, sodass dort auch die Prostaglandine andocken können. Dieser Prozess sorgt dafür, dass du geburtsbereit wirst und sich der Muttermund beginnt zu öffnen. Neueste Erkenntnisse deuten nun darauf hin, dass es förderlich sein könnte, in dieser letzten Schwangerschaftsphase (ca. 6 Wochen vor dem errechnetem Entbindungstermin) deine Ernährung umzustellen und auf kurzkettige Kohlenhydrate zu verzichten, um die Prostaglandin-Synthese nicht zu verlangsamen. Hintergrund dieser These ist, dass die Hormone Inulin und Insulin die gleichen Andockstellen benutzen wie die Prostaglandine und diese bei einer kohlenhydratreichen Ernährung vermehrt und schneller besetzt sind. Ob du allerdings bereit bist, in dieser Phase, in der der Leidensdruck sowieso schon recht hoch ist, ihn durch den Verzicht auf Brot, Pasta, Kuchen, Süßigkeiten und leckere Getränke noch zu erhöhen, musst du mit dir selbst ausmachen. Diese Diätform ist als Louwen-Diät bekannt, falls du dich noch intensiver mit ihr auseinandersetzen möchtest.

Insulinresistenz und Glucoseintoleranz

Übergewichtige Menschen, die das Ziel haben, Gewicht zu reduzieren und gesünder zu leben, fragen sich, warum sie so aussehen, wie sie aussehen, obwohl sie sich doch gar nicht so ungesund ernähren. Natürlich können diese zusätzlichen Kilos verschiedene Gründe haben. Ein falsches Bild einer gesunden Ernährung, Unterschätzung der Portionen während der Mahlzeiten, Bewegungsmangel, psychosomatische Gründe, fehlende Disziplin oder eben ein Stoffwechselproblem. Kohlenhydrate und Fette konkurrieren größtenteils um die Verstoffwechselung. Bei Zufuhr vieler

Kohlenhydrate, vor allem kurzkettigen Kohlenhydraten, unterliegt die Blutzuckerkurve extremen Schwankungen. Der Körper muss darauf mit einer hohen Insulinausschüttung reagieren. In einem gesunden Körper wird die Blutglucose dann in die verschiedenen Zellen geschleust. Zunächst werden dabei die Glucosespeicher in Gehirn, Leber und Muskulatur gefüllt und sollte dann noch Glucose übrig sein, wird sie zu den Fettzellen transportiert und für „schlechtere Zeiten" gespeichert. Auf Dauer sind diese aber auch voll und bei weiterem Glucose-Überangebot antworten die Körperzellen, vor allem die Fettzellen, darauf mit einer Insulinresistenz. Die Rezeptorendichte wird geringer, sodass sich die Zellen vor „Überfüllung" schützen können. Der Blutzucker kann nicht mehr aufgenommen werden, verbleibt im Blut und sorgt für ein hohes Risiko an Stoffwechselerkrankungen wie z. B. Diabetes Typ 2. Gefährlich ist auch die Schwangerschaftsdiabetes, die Zuckerkrankheit, die erst während der Schwangerschaft entstehen (Gestationsdiabetes) und langfristige Schäden bei Mutter und Kind anrichten kann. Deshalb wird deine Glucosetoleranz mittels eines Zuckertests zwischen der 24. und 28. SSW ärztlich untersucht. Du kannst mit einer frühzeitigen gesunden Ernährung und ausreichend körperlicher Bewegung der Gestationsdiabetes gut vorbeugen.

Proteine

Das Wort Protein wurde 1838 von Jöns Jakob Berzelius von dem griechischen Wort proteuo („ich nehme den ersten Platz ein", von protos, „erstes", „wichtigstes") abgeleitet. Es soll die Bedeutung der Proteine für das Leben unterstreichen. Proteine oder Eiweiße bestehen aus Aminosäureketten. Insgesamt gibt es für den menschlichen Organismus 21 verschiedene Aminosäuren. Daraus ergibt sich eine unvorstellbar große Anzahl an Verknüpfungsmöglichkeiten. Aus 21 verschiedenen Aminosäuren ergibt sich schon bei einer Kettenlänge von 100 die unvorstellbare Zahl von 21^{100} Verknüpfungsmöglichkeiten.

Von den 21 Aminosäuren sind es 8, die der Körper nicht selbst herstellen kann und die somit über die Nahrung aufgenommen werden müssen. Sie werden als essentielle Aminosäuren bezeichnet.

- Isoleucin
- Leucin
- Methionin
- Lysin
- Phenylalanin
- Threonin
- Tryptophan
- Valin

Für Kinder ist zusätzlich zu den generell essenziellen Aminosäuren auch Tyrosin essentiell. In diesem Lebensalter ist die Körperfunktion zu dessen Herstellung noch nicht vollständig ausgereift.

Es gibt auch Erkrankungen, die den Aminosäure-Stoffwechsel beeinträchtigen, dann müssen unter Umständen eigentlich nicht-essentielle Aminosäuren dennoch mit der Nahrung aufgenommen werden. Mutationen in einem Gen verursachen Veränderungen im Aufbau des Proteins. Solche Fehler (oder der gänzliche Wegfall einer Proteinaktivität) liegen vielen erblichen Krankheiten zugrunde.

Die Aufgaben der Proteine im Organismus sind vielfältig. Sie bilden die körperliche Struktur, Enzyme, Hormone, Antikörper, dienen als Transportmittel, etc. Für dich als Sportlerin ist interessant, dass auch Muskelmasse zur körperlichen Struktur gehört. Um Muskelmasse aufzubauen und sie in der Schwangerschaft zu erhalten, muss mehr Eiweiß zugeführt werden, als der Körper verbraucht. Eiweiß ist der Baustein der beiden Muskelfilamente Aktin und Myosin. In der Schwangerschaft wird außerdem viel zusätzliche Struktur gebildet, wodurch sich der erhöhte Proteinbedarf in dieser Zeit erklärt. Wenn du zusätzlich noch viel Sport treiben und deine Muskelmasse erhalten möchtest, kommst du um eine vielseitige, proteinreiche Ernährung nicht drum herum. Doch wie viel mehr sollte es sein? Die Kombination aus Schwangerschaft und Sport verlangt etwa 30–40 % mehr an Eiweiß als sonst. Das ist eine ganze Menge. Wenn du vorher 1–1,5 g Eiweiß pro Kilogramm Körpergewicht am Tag durch deine Mahlzeiten aufgenommen hast, so sind es jetzt 1,3 bis knappe 2 g Eiweiß. Hochgerechnet auf dein gestiegenes Körpergewicht ist das zugegebenermaßen nicht einfach. Du kannst diesen Bedarf allerdings gut decken, wenn du die Anzahl deiner Mahlzeiten erhöhst, selbstverständlich bei gleichzeitiger Verkleinerung der Portionsgrößen, und darauf achtest, dass du zu jeder Mahlzeit eine hochwertige Eiweißquelle hinzufügst. Dazu gehören magere Milchprodukte, Eier, Hülsenfrüchte, naturbelassene Nüsse, mageres Fleisch und Fisch. Es besteht außerdem die Möglichkeit, Proteine in Form von Shakes aufzunehmen, vor allem dann, wenn du vielleicht einer bestimmten Ernährungsform folgst, in der du auf einige der eben aufgezählten Lebensmitteln verzichtest. Da Proteine, wie schon erwähnt, eine große Anzahl von Aufgaben in unserem Körper haben, kann ein Mangel gravierende Folgen haben wie z. B. Haarausfall, Antriebslosigkeit, Müdigkeit, Muskelschwäche und -abbau, Wachstumsstörungen bei Mutter und Kind, eine Verfettung der Leber oder die Bildung von Ödemen.

Fette

Die dritte Gruppe der Makronährstoffe stellen die Fette (Lipide) dar. Sie dienen ebenfalls als Energielieferant und werden über die Leber verstoffwechselt. Zugegebenermaßen haben sie oftmals noch einen schlechten Ruf, da sie ja bekanntlich „fett" machen. Doch unter ihnen herrschen große Unterschiede. Es gibt gute und schlechte Fette, solche, die wir zwingend brauchen und eben solche, auf die wir getrost verzichten können. Unser Körper besteht durchschnittlich aus 15 % Fett, wobei Frauen im Schnitt 5 % mehr Körperfett aufweisen als Männer. Fett ist neben den Proteinen der wichtigste Baustoff unseres Körpers und daher absolut essentiell. Es geht nun gar nicht um die „richtige" oder „gesunde" Menge an Fett, die wir über unsere tägliche Ernährung zuführen, da sich der benötigte Fettanteil je nach Ernährungsphilosophie unterscheidet. Was jedoch grundsätzlich zu berücksichtigen ist, ist die Qualität der Fette, die wir über unsere Nahrung aufnehmen. Wir brauchen Fette für verschiedenste Körper- und Stoffwechselvorgänge wie den Aufbau und die Funktion aller Zellen, die Bildung von Grundstruktur und diverse Transport- und Resorptionsfunktionen. Fett transportiert die fettlöslichen Vitamine A, D, E und K durch die Darmwand ins Blut. Erst durch die Fette kann unser Körper diese Vitamine aufnehmen und verwerten. Sie sind unsere konzentrierteste Energiequelle, denn sie liefern mit 9,3 kcal pro Gramm mehr als doppelt so viel Energie wie Kohlenhydrate und Eiweiß.

Unterteilt werden die Fettsäuren in gesättigte Fette, einfach ungesättigte Fette und mehrfach ungesättigte Fette.

In den meisten fetthaltigen Lebensmitteln kommen die Fettsäuren gemischt vor. Überwiegt der Anteil der gesättigten Fette in einem Lebensmittel, ist das Fett bei Raumtemperatur meist hart und hat tierische Herkunft. Ausnahme hier ist Kokos- und Palmkernfett. Bei gesättigten Fetten ist keine Stelle ihrer Kohlenstoffkette unbesetzt. Sie sind beispielsweise enthalten in Sahne, Butter, Käse, Milch und Wurstwaren.

Ungesättigte Fette sind in der Regel weich oder flüssig. Sie sind vor allem in pflanzlichen Lebensmitteln zu finden, wie in bestimmten Gemüsesorten, Nüssen, Samen und Oliven. Ausnahme ist hier das bekannte und gesunde Fischöl. Wie der Name schon sagt, gibt es einfach ungesättigte Fette, bei denen eine Stelle ihrer

Kohlenstoffkette unbesetzt ist und mehrfach ungesättigte Fette, bei denen mehrere Stellen in der Kette unbesetzt sind. Wir können ungesättigte Fette nicht selbst im Körper herstellen, weshalb wir sie täglich mit der Nahrung aufnehmen müssen. Beispiele für einfach ungesättigte Fette sind Olivenöl, Rapsöl, Avocado und Nüsse. Die mehrfach ungesättigten Fette werden nochmals unterteilt in Omega-3- und Omega-6-Fette. Omega-3-Fette sind unter anderem enthalten in Lein, Hanf, Raps, Walnuss, Kaltwasserfischen und Algen, Omega-6-Fette in Mais, Sonnenblumenöl, Distelöl und tierischen Fetten.

Gesundheitsbeeinträchtigend sind Fette, die bei industriellen Verarbeitungen entstehen, die sogenannten Transfette. Verarbeitet werden pflanzliche oder tierische ungesättigte Fette unter hohem Druck und bei Temperaturen über 140 Grad Celcius in gesättigte, streichfeste Fette, wobei sämtliche Vitamine, die in den Naturfetten enthalten waren, verlorengehen. Aufgrund der geringeren Anzahl an ungesättigten Fettsäuren sind gehärtete Fette länger haltbar. Achte bei Verpackungen auf die Beschreibung „zum Teil gehärtete Fette" und mache einen großen Bogen um sie.

Cholesterin

Zu den Fetten werden außerdem noch die Cholesterine gezählt. Cholesterin (auch Cholesterol) ist ein Naturstoff und ein lebensnotwendiges Lipid. Es ist Hauptbestandteil der Plasmamembran, wo es deren Stabilität erhöht und zusammen mit Proteinen in der Zellmembran an der Ein- und Ausschleusung von Signalstoffen beteiligt ist. Cholesterin ist auf der einen Seite der böse Feind unseres Herzens und gilt als Verursacher von Infarkten und Arteriosklerose, auf der anderen Seite aber auch eine lebensnotwendige Substanz unseres Körpers. Es ist Bestandteil der meisten Zellen und Gewebearten, besonders in Gehirn, Nervensystem, Leber und Geschlechtsorganen. Außerdem die Vorstufe der Gallensäuren, die wiederum zur Fettverdauung notwendig ist und dann wird Cholesterin noch benötigt, um beispielsweise Sexual- und Stresshormone wie Aldosteron und Cortisol herzustellen. Der Name leitet sich vom griechischen „chole" (Galle) und „stereos" (fest) ab. Es wurde in Gallensteinen bereits im 18. Jahrhundert gefunden.

Bei den großen Blutuntersuchungen, wie auch normalerweise der zu Beginn deiner Schwangerschaft, wird der Cholesterinspiegel mitbestimmt. Entscheidend ist immer dabei nicht nur der Gesamt-Cholesterinwert, der durchaus Werte von 250–300 mg erreichen darf, sondern das Verhältnis des High Density Lipoproteins (HDL) zum Low Density Lipoproteins (LDL). Der HDL-Wert sollte nicht unter 50 mg liegen, der LDL-Wert nicht über 170. Je höher der HDL-Wert, desto höher darf auch der LDL-Wert sein. Das Verhältnis von LDL zu HDL sollte maximal 3:1 betragen. Ernährst du dich jedoch natürlich, ausgewogen und gesund nach unserer Definition, treibst regelmäßig Sport und achtest auf eine möglichst geringe Zufuhr gesättigter Fettsäuren, solltest du keinen Stress mit deinem Cholesterinwert haben.

Bei einer ausgewogenen Ernährung (ausgenommen sind Low Carb und ketogene Diätformen) liegt der optimale Anteil der über die Nahrung täglich aufgenommenen Fette bei 25–30 Prozent. Da in der Schwangerschaft der Gesamtumsatz und somit auch der Kalorienbedarf etwa 10 % über dem Normalen liegt, erhöht sich auch minimal die Menge an gesunden Fetten, die du pro Tag zu dir nehmen solltest. Beachte nur, dass es sich hierbei aufgrund der hohen Energiemenge von Fetten wirklich nur um wenige zusätzliche Gramm handelt, auch bei einer schwangerschaftsgerechten Sporternährung.

Wenn du einmal deine Ernährung getrackt hast oder es einfach mal versuchen möchtest, wirst du schnell bemerken, dass die Grenze deiner täglichen Fettzufuhr schneller erreicht ist, als du denkst. Daher geht es vermutlich eher darum, Fette einzusparen. Das kannst du am besten, wenn du deine Mahlzeiten selbst zubereitest, also keine Fertiggerichte verzehrst, mageres Fleisch auswählst, Salatdressing aus qualitativen Ölen und Essigarten zauberst, auf jegliches Panieren, Frittieren verzichtest und Süßigkeiten wie Kekse, Kuchen, Schokolade und Co. auf ein Minimum reduzierst. Versuch es doch einfach mal!

Mikronährstoffe

Mikronährstoffe sind Bestandteile der Nahrung und werden unterteilt in Vitamine und Mineralstoffe. Sie liefern keine Energie, sind dafür aber enorm wichtig für das Funktionieren des Stoffwechsels. Sie sind an jedem einzelnen Prozess der Körperzellen beteiligt. Bis auf das Vitamin D, welches hauptsächlich über das Sonnenlicht synthetisiert wird, nehmen wir alle Nährstoffe über die Nahrung auf. Um den Vitamin D-Spiegel unter Kontrolle zu halten, sorge dafür, dass du viel Zeit an der frischen Luft verbringst, oder zusätzlich Vitamin D supplementierst. Dein individueller Bedarf an Mikronährstoffen bestimmt eine ausreichende Versorgung, Tag für Tag, denn Mikronährstoffe können vom Körper nicht selbst hergestellt werden. Und dieser Bedarf ist von Menschen zu Menschen verschieden. In der Schwangerschaft jedoch ist der Bedarf an Vitaminen, Mengen- und Spurenelementen bei allen Frauen im Schnitt um etwa 30% erhöht. Bei manchen Nährstoffen sogar bis 100%. Bei einer sorgsamen Ernährung kannst du im Grunde diesen erhöhten Bedarf rein über die Ernährung decken und könntest auf eine Substitution mit Multivitaminpräparaten und anderen gehaltvollen Pillen verzichten, zumal eine gesunde, ausgewogene Ernährung aufgrund ihrer Vielseitigkeit und Naturbelassenheit nicht durch eine Substitution mit Mikronährstoffen, die häufig synthetisch hergestellt werden, auszugleichen ist. Ausnahmen sind laut verbreiteter Meinung Folsäure, Jod und bei den meisten Frauen aufgrund eines mangelhaften Wertes Eisen.

Vitamine

Man unterteilt Vitamine in fettlösliche (lipophile) und wasser-
lösliche (hydrophile) Vitamine. Sie regulieren die Verwertung
von Nährstoffen, sorgen für deren Ab- bzw. Umbau, stärken das
Immunsystem und sind unverzichtbar beim Aufbau von Zellen,
Blutkörperchen, Knochen und Zähnen. Fettlösliche Vitamine sind im Körper speicherbar. Zu ihnen gehören alle Vitamine die als Buchstaben im Namen der Supermarktkette „EDE-
KA" vorkommen.

- Vitamin A (Retinol/ß-Carotin)
- Vitamin D (Calciferol)
- Vitamin E (Tocopherol)
- Vitamin K (Phyllochinon)

Vitamin K kann allerdings, trotz seiner Fettlöslichkeit, nur in
unbedeutenden Mengen vom Körper gespeichert werden. Vitamin D wird oftmals nicht mehr zu den Vitaminen, sondern zu
den Hormonen gerechnet.

Die meisten wasserlöslichen Vitamine kann unser Organismus
nur wenige Tage entbehren. Ausnahme ist das Vitamin B_{12}, es ist
trotz seiner Wasserlöslichkeit speicherbar. Zu den wasserlöslichen
Vitaminen gehören die acht Vitamine des B-Komplexes und die
Ascorbinsäure Vitamin C. Sie sind in tierischen und pflanzlichen
Lebensmitteln enthalten. Die B-Vitamine kommen in der Natur
niemals isoliert vor. Sie wirken aus diesem Grund in der Regel
auch nur im Verbund.

- B_1 (Thiamin)
- B_2 (Riboflavin)
- B_3 (Niacin)
- B_5 (Pantothensäure)
- B_6 (Pyridoxin)
- B_7 (Biotin)

- B_9 (Folsäure)
- B_{12} (Cobalamin)

Ein Vitaminmangel kann als Folge eines erhöhten Bedarfs (während Schwangerschaft und Stillzeit, in der Kindheit und Jugend), aufgrund einer mangelnden Zufuhr, durch verminderte Nährstoffausnutzung infolge anderer Grunderkrankungen als Folge von Medikamenteneinnahme oder nach parenteraler Ernährung ohne Vitaminzugabe entstehen. Auch durch Aufbewahrung und Zubereitung der Lebensmittel wird der Vitamingehalt beeinflusst, sodass trotz Auswahl der richtigen Nahrungsmittel ein Mangel entstehen kann. Ein langfristiger Vitaminmangel kann zu ernsthaften Krankheitszeichen und Schädigungen der Organe führen.

Folsäure

Der erhöhte Bedarf an Folsäure während der Schwangerschaft und Stillzeit, jedoch auch schon ab dem Zeitpunkt des Kinderwunsches, kann nur schwer über die natürliche Nahrung gedeckt werden. Gute Quellen sind grünes Blattgemüse, Gurken und Tomaten, Hülsenfrüchte, Kartoffeln, Nüsse, Orangen, Vollkornprodukte, Sojabohnen, Leber, Eier und Milch. Dein täglicher Bedarf an Folsäure liegt in dieser Phase bei mindestens 400 µg. Eine Unterversorgung birgt gerade in der Anfangszeit bestimmte Risiken. In der frühen Embryonalphase bilden sich die Organe wie Herz, Magen, Darm und das Nervensystem. Wenn sich das Neuralrohr (das spätere Rückenmark und Gehirn) nicht richtig ausbildet, kann es zu schweren Defekten und Fehlbildungen, wie z.B. einer Anenzephalie, einem „offenen Rücken" oder der Lippen-Kiefer-Gaumen-Spalte kommen. Mit der Einnahme eines Folsäurepräparates sollte daher spätestens vier Wochen vor der Schwangerschaft (bei Schwangerschaftswunsch) begonnen werden und diese bis Minimum zum Ende des ersten Schwangerschaftsdrittels weitergeführt werden.

Die Folsäure gehört zu den B-Vitaminen, ist nur selten als Vitamin B_{11} bekannt. Die B-Vitamine werden zu einer Gruppe zusammengefasst, weil sie alle aufeinander angewiesen sind und in Wechselwirkung zueinander stehen. Daher wärst du mit der Einnahme eines Vitamin-B-Komplexes natürlich auch gut bedient. Vor allem als Vegetarierin oder Veganerin solltest du den Vitamin B-Spiegel gut im Blick behalten. Neben der zusätzlichen Einnahme von Jod und Folsäure ist eine Supplementation von B-Vitaminen empfehlenswert, die sich hauptsächlich in tierischen Produkten verstecken, da es bei Nährstoffmangel zu Schädigungen und Verzögerungen der kindlichen Entwicklung kommen kann. Wenn du bereits vor der Schwangerschaft eine dieser beiden Ernährungsformen praktiziert hast und damit gut zurechtgekommen bist, spricht nichts gegen eine Weiterführung in der Schwangerschaft. Nur solltest du nicht plötzlich in der Schwangerschaft damit anfangen. Das gilt für alle besonderen Ernährungsformen, da der Körper sowieso schon mit den vielen Veränderungen zu tun hat und du ihn nicht noch zusätzlich herausfordern musst.

Mineralstoffe

Mineralien sind anorganische Mikronährstoffe, die in unterschiedlichen Mengen im Körper vorhanden sind und mit der Nahrung aufgenommen werden müssen. Mineralien werden nach der vorhandenen Menge im Körper unterteilt in Mengen- und Spurenelemente. Sie regulieren teilweise den Wasserhaushalt, sind am Zusammenspiel zwischen Nerv und Muskel beteiligt, spielen eine Rolle bei der Energiebereitstellung und haben vermutlich noch weitere Funktionen, die zum Teil wissenschaftlich noch nicht belegt sind. Zu den Mengenelementen zählen alle Mineralien deren Werte bei über 50 mg/kg Körpergewicht liegen, zu den Spurenelementen zählen alle, die darunter liegen.

Mengenelemente: > 50 mg/kg Körpergewicht

- Chlorid
- Kalium
- Kalzium
- Magnesium
- Natrium
- Phosphor
- Schwefel

Spurenelemente: < 50 mg/kg Körpergewicht

- Arsen
- Bor
- Chrom
- Eisen
- Fluor
- Jod
- Kobalt
- Kupfer
- Lithium
- Mangan
- Molybdän
- Nickel
- Selen
- Silizium
- Vanadium
- Zink

Eisen

In der Schwangerschaft erhöht sich sowohl die Menge als auch die Zusammensetzung deines Blutes. Das Blutvolumen steigt von ca. 4 Litern auf ca. 6 Liter an, das Blutplasmavolumen nimmt stärker zu als die festen Blutbestandteile. Dein Blut wird flüssiger und kann somit dein Baby schneller erreichen und versorgen. Feste Bestandteile deines Blutes sind unter anderem die

Erythrozyten, also die roten Blutkörperchen. Diese tragen ein eisenhaltiges Molekül (Hämoglobin), welches den eingeatmeten Sauerstoff unermüdlich im Körper bindet und in die Organe, das Gehirn und die Muskeln transportieren kann. Der Hämoglobinwert wird mehrmals in der Schwangerschaft mittels einer Blutuntersuchung bestimmt, sodass sichergestellt werden kann, dass ihr beide, du und dein Kind, ausreichend mit Sauerstoff und Blut versorgt seid. Um die erhöhte Anzahl an Erythrozyten zu bilden, benötigt dein Körper viel mehr Eisen als sonst, nämlich knapp doppelt so viel. Liegt der durchschnittliche Eisenbedarf einer Frau bei 125 µg pro Tag, so sind es in der Schwangerschaft etwa 230 µg pro Tag. Der Hämoglobinwert wird automatisch über die einzelnen Trimester sinken, sollte jedoch den Wert von 11 g/dl nicht unterschreiten. Auch zu „dickes" Blut, an einem Hb-Wert von über 13 g/dl erkennbar, ist zu vermeiden, um der Gefahr einer Präeklampsie aus dem Wege zu gehen. Parallel zum Hb-Wert wird der Ferritin-Wert bestimmt. Ferritin ist die Speicherform des Eisens in unserem Körper und sollte mindestens 50 µg/l betragen. Sollte dein Eisenwert niedrig sein, hast du zwei Möglichkeiten. Entweder, du probierst ihn erstmal über eine gezielte Ernährung zu heben, oder du lässt dir ein Eisenpräparat verschreiben, das du täglich genau nach Empfehlung einnimmst. Die Eisenresorption wird durch Gerbstoffe (Kaffee, verschiedene Teesorten), einige Proteine (Casein, Albumin, Sojaprotein), Phosphate und Oxalsäure gehemmt, weshalb Eisenpräparate immer zeitversetzt eingenommen werden sollten. Gleiches gilt bei Calcium und Magnesium. Vitamin C wiederum begünstigt die Resorption. Eisenhaltige Lebensmittel sind rotes Fleisch, Blutwurst und Leber, sowie einige Hülsenfrüchte, wobei tierische Eisenquellen besser vom Körper aufgenommen werden können.

Jod

Jod ist ein wichtiges Spurenelement für die Schilddrüse. Es wird zum Aufbau der Schilddrüsenhormone und deren Funktion gebraucht. Die Schilddrüse bildet eines der gefragtesten Hormone deines Körpers in der Schwangerschaft. Manche Frauen weisen speziell in dieser Phase eine Schilddrüsenunterfunktion auf, die häufig einem Jodmangel geschuldet ist. Jod reguliert die Körperenergie mit, ist unter anderem zuständig für die körperliche Entwicklung, vor allem auch beim Stillen, es unterstützt beim Fett- und Proteinstoffwechsel und stimuliert den Kreislauf. Außerdem gibt es in der Schwangerschaft zahlreiche Wechselwirkungen zwischen Schilddrüsen- und Sexualhormonen, weshalb die Sicherstellung einer gut funktionierenden Schilddrüse zwingend notwendig ist. Dein Jodbedarf liegt in der Schwangerschaft bei 200–300 µg Jod pro Tag. Natürliche Quellen sind alle Lebewesen, die aus dem Meer kommen, Kohlarten, Milch, Eier, Spargel, Spinat, Kresse, Salate, Artischocken, Tomaten, Erdbeeren, Blaubeeren, Birnen und Trauben. Allerdings geht Jod beim Kochen weitgehend verloren. Deshalb macht es Sinn, deine Gerichte immer erst kurz vor dem Anrichten (mit jodiertem Speisesalz) zu salzen. Leidest du jedoch bereits unter Stoffwechsel- oder Schilddrüsenerkrankungen, besprich dieses Thema bitte nochmal mit deinem Arzt.

Kalzium

Kalzium steckt zu 99 Prozent in Knochen und Zähnen. Es ist also unentbehrlich, um diese Substanzen aufzubauen. Dabei bedarf es eines exakten Gleichgewichts aus Phosphor und Kalzium im Verhältnis von 2,5:1. In weicherem Gewebe ist Kalzium nur in geringer Menge vorhanden, beeinflusst aber immerhin die Erregbarkeit der Nerven und Muskelkontraktionen und bedingt eine normale Herzarbeit. Es fördert außerdem die Blutgerinnung und kontrolliert den Flüssigkeits- und Nährstoffaustausch durch die Zellwände. Gute Kalziumquellen sind vor allem Milchprodukte, ferner Schalentiere, Sardinen, Eigelb, Haferflocken, Sesam, Mandeln, Nüsse, Kerne und Datteln. Nur wenn du einige von diesen Lebensmitteln nicht regelmäßig isst, solltest du dir ein Kalziumpräparat zulegen.

Magnesium

Magnesium ist praktisch der Zwilling des Kalziums. Ebenfalls ein wichtiger Baustein für den Aufbau von Knochen und Zähnen, beteiligt an der Bildung und Erhaltung von Körpereiweiß und lebensnotwendig bei der Übertragung von Nervenimpulsen und der richtigen Muskelspannung. Entgegen häufiger Befürchtungen entspannt es nicht die Muskulatur, sondern stellt die optimale Erregbarkeit und erwünschte Kontraktionsfähigkeit her. Es kann schnell passieren, dass wir in eine Magnesium-Unterversorgung geraten. Vor allem in der Schwangerschaft bei zusätzlicher körperlicher Anstrengung. Auch durch erhöhten Alkoholkonsum oder Abführmittel, was bekanntlich aber aus anderen Gründen während der Schwangerschaft nicht ratsam ist. Bei einem Magnesiummangel leidet der Herzrhythmus und es kann zu Herz-Kreislauf-Störungen, Nervosität, Krämpfen, Vergesslichkeit, Schwindel oder Sehstörungen kommen. Daher wird bei Wadenkrämpfen, Muskelzuckungen, Unterleibsschmerzen und frühzeitigen Wehen in der Regel eine höhere Tagesdosis an Magnesium empfohlen. Es muss nicht vor der Geburt abgesetzt werden, um die Wehentätigkeit zuzulassen, wie manche Experten behaupten. Magnesium sorgt höchstens dafür, dass der Grundtonus nicht zu hoch ist und eine gute Relation zwischen An- und Entspannung entsteht. Es steckt vor allem in Fleisch, Vollkorn, Nüssen, Mandeln, Maroni, Hülsenfrüchten, Datteln, Bananen, Kartoffeln und grünem Blattgemüse.

Alkohol und Rauchen

Dir ist sicherlich bekannt, dass du während deiner Schwangerschaft und Stillzeit auf Alkohol verzichten solltest. Es geht auch nicht um die Frage, ob das eine Gläschen hier und da erlaubt ist, denn Fakt ist, dass Alkoholkonsum in der Schwangerschaft zu schweren gesundheitlichen Folgen wie u. a. zu Fehlbildungen, Wachstumshemmung, zu Schädigung von Gewebe und Nervenzellen sowie zu irreversibler Intelligenzminderung des Kindes führen kann. Und kein Forscher, kein Arzt und du selbst auch nicht, kann dir später sagen, ob das eine Glas ausschlaggebend war oder nicht. Du bist sicherlich so verantwortungsbewusst, dass du zum Besten deines Kindes während dieser gesamten Phase auf dieses Genussmittel verzichtest.

Oftmals bemerkst du deine Schwangerschaft erst einige Wochen nach Einnistung der Eizelle, spätestens dann, wenn du einen Test machst oder deine Gynäkologin feststellt, dass du Nachwuchs bekommst. Nun machst du dir vielleicht Sorgen, weil du in den letzten Tagen oder Wochen hin und wieder ein Glas Wein o. ä. getrunken hast? Diese Sorgen sind ganz normal, doch gerade in dieser Anfangsphase werden die Weichen erst peu-à-peu gestellt und in der Regel schaden diese ersten Wochen deinem Kind nicht. Ab dem Moment, ab dem du allerdings weißt, dass in dir nun ein Mensch heranwächst, lässt du besser die Finger von jeglichen Drogen und Suchtmitteln. Planst du bewusst, schwanger zu werden, wird empfohlen, bereits in dieser Experimentierphase auf Alkohol zu verzichten.

Gleiches gilt fürs Rauchen. Rauchen hat zunächst einen negativen Einfluss auf die Fruchtbarkeit und kann während der Schwangerschaft das Risiko für Früh- und Fehlgeburten, Fehlbildungen, geringes Geburtsgewicht, aber auch das Risiko für späteres Übergewicht sowie Allergien beim Kind erhöhen. Auch für E-Zigaretten werden gesundheitliche Bedenken diskutiert. Daher wird Schwangeren auch das Meiden von E-Zigaretten empfohlen.

Die Empfehlungen bezüglich des Alkoholkonsums und des Rauchens gelten übrigens auch für deinen Partner. Nicht nur um dich zu unterstützen und um sich selbst einen gesünderen Lebensstil anzueignen, sondern auch um zu vermeiden, dass schwangere Frauen passiv in Räumen, in denen geraucht wird oder wurde, mitrauchen.

Kaffee und andere koffeinhaltige Getränke in der Schwangerschaft

Gehörst du zu den Kaffee-Junkies, die stets ein Heißgetränk mit sich herumtragen, wird es Zeit, deine Gewohnheiten zu ändern. Studien haben mittlerweile eine dosisabhängige Assoziation zwischen der Koffeinzufuhr in der Schwangerschaft und dem Risiko für fetale Wachstumsverzögerungen und negative Effekte auf das Geburtsgewicht nachgewiesen. Es besteht ein signifikant erhöhtes Risiko für einen Spontanabort ab 300 mg Koffein/Tag. Moderater Koffeinkonsum bis zu 200 mg/Tag (entspricht 1–2 Tassen Kaffee) gelten jedoch als sichere Dosis.

Der Wasserhaushalt in der Schwangerschaft

Neben den Makro- und Mikronährstoffen gehört selbstverständlich auch eine ausreichende Flüssigkeitszufuhr zur Basisernährung dazu, um langfristig gesund und vital zu bleiben. Als Sportlerin bist du es vermutlich gewohnt, stets viel zu trinken und die Trinkmenge bei sportlicher Aktivität nochmals zu erhöhen. Doch wichtig ist, was du trinkst. Jegliche Getränke, die Zucker oder Zuckerersatzstoffe enthalten, sind zwar flüssig, solltest du aber nicht zu deiner täglichen Wasserzufuhr zählen. Böse gesagt trinkst du nicht, sondern isst. Sie gehören eher in die Rubrik „verzehrte Lebensmittel" und in die Kalorienbilanz. Mach es dir zur Aufgabe, reines Wasser und ungesüßten Tee (Kräuter- oder Früchtetee) zu deiner Wasserzufuhr zu zählen. Und da dürfen es ruhig 1,5–2 Liter pro Tag in der Schwangerschaft sein, pro 30 Minuten Training nochmal 500 ml zusätzlich. So kannst du durchaus auf einen Tagesbedarf von 3 Litern kommen. Achte nur bitte auf die Qualität des Wassers hinsichtlich der Mineralisierung. Gute Mineralwasser und in den meisten Regionen Deutschlands auch das einfache Wasser aus dem Hahn. Vermeide abgekochtes oder entkalktes Wasser, das wortwörtlich „tot" ist und eher noch deine Mineralien aus dem Körper herausschwemmt.

FAZIT

„Jetzt darfst du für zwei essen!" Diese Aussage klingt verlockend und natürlich isst du in der Schwangerschaft für zwei, denn über die Nabelschnur wird dein Kind ja mitversorgt, doch bezieht sich dieser Satz vielmehr auf die Qualität statt auf die Quantität. Wenn du dich weiterhin gut fühlen möchtest und nach der Schwangerschaft möglichst schnell wieder in deinem Idealkörper stecken möchtest, spielt deine Gewichtszunahme in der Schwangerschaft, vor allem aber dein Ausgangsgewicht zu Beginn der Schwangerschaft eine große Rolle. Beide Größen haben nachgewiesenermaßen einen Einfluss auf das spätere Übergewichtsrisiko und die Gesundheit deines Kindes. Im Verhältnis zum Energiebedarf steigt dein Bedarf an einzelnen Vitaminen und Mineralstoffen in der Schwangerschaft deutlich stärker an, nämlich um 30% bis teilweise sogar 100%. Durch eine ausgewogene, natürliche Ernährung kann dieser Bedarf dennoch in der Regel abgedeckt werden. Ausnahmen sind Folsäure, Jod und bei den meisten Frauen aufgrund mangelhaften Wertes, Eisen. Diese Nährstoffe sollten in dieser besonderen Phase substituiert werden. Dein Energiebedarf erhöht sich entgegen verbreiteter Vorstellung nur leicht und erst in den letzten Monaten vor Entbindung an. Der Mehrbedarf liegt bei gerade einmal 10%, was häufig überschätzt wird und gerne zu einer überhöhten Kalorienzufuhr und damit verbunden zu einer erheblichen Gewichtszunahme führt.

Die gute Nachricht ist, dass du nicht zum Ernährungsexperten werden musst, um dich ausgewogen und gesund zu ernähren. Alle Substanzen, die du brauchst, sind in natürlichen Lebensmitteln enthalten. Es gibt Lebensmittel pflanzlicher und tierischer Herkunft und trotz der großen Zahl der Nahrungsmittel bestehen sie nur aus drei chemisch definierten Gruppen von Hauptnährstoffen, nämlich **Kohlenhydrate, Proteine und Fette**.

Kohlenhydrate sollten vornehmlich in Form von langkettigen Kohlenhydraten aufgenommen werden. Heißt, von zuckerhaltigen Süßigkeiten, Fast Food, Pizza, Pasta und Weißbrot bleiben die Finger möglichst oft weg und greifen lieber zu Vollkornprodukten, Gemüse und Hülsenfrüchten. Bei Zufuhr vieler kurzkettigen Kohlenhydraten, unterliegt die Blutzuckerkurve extremen Schwankungen. Der Körper muss darauf mit einer hohen Insulinausschüttung reagieren. In einem gesunden Körper wird die Blutglucose dann in die verschiedenen Zellen geschleust. Zunächst werden dabei die Glucosespeicher in Gehirn, Leber und Muskulatur gefüllt und sollte dann noch Glucose übrig sein, wird sie zum Leiden unserer Figur zu den Fettzellen transportiert und für „schlechtere Zeiten" gespeichert.

Proteine bilden die körperliche Struktur, Muskelmasse, Enzyme, Hormone, Antikörper, dienen als Transportmittel, etc. Um Muskelmasse aufzubauen, und sie in der Schwangerschaft zu erhalten, muss mehr Eiweiß zugeführt werden als der Körper verbraucht. Wenn du also weiterhin viel Sport treiben und deine Muskelmasse erhalten möchtest, kommst du um eine vielseitige, proteinreiche Ernährung nicht drum herum. Die Kombination aus Schwangerschaft und Sport verlangt etwa 30–40% mehr an Eiweiß als sonst, was etwa 1,3–2g Eiweiß täglich entspricht. Das ist eine ganze Menge. Möglich jedoch durch eine erhöhte Anzahl an (Zwischen-)Mahlzeiten, selbstverständlich kombiniert durch eine gleichzeitige Verkleinerung der Portionsgrößen.

Fette haben bekanntlich einen „schlechten Ruf", weil sie ja „fett" machen. Doch ganz so stimmt es nicht. Wir benötigen Fette für diverse Stoffwechselprozesse und Fette dienen als wichtiger Energielieferant. Doch auf die Qualität der Fette kommt es an, die wir über unsere Nahrung aufnehmen. Bei einer ausgewogenen Ernährung liegt der optimale Anteil der über die Nahrung täglich aufgenommenen Fette bei 25–30 Prozent, in der Schwangerschaft bei etwa 10 % darüber. Diese sollten primär in Form von ungesättigten Fetten aufgenommen werden. Gute Fettquellen sind qualitative Öle, Samen und Nüsse, Avocados, magere Fleisch- und Fischsorten, etc.

Neben den wichtigen Quellen und Mengen an Makro- und Mikronährstoffen, gibt es für dich zum Schutze vor Infektionen durch Lebensmittel in der Schwangerschaft folgende Empfehlungen. Vermeide sämtliche rohe (oder nahezu rohe) tierische Lebensmittel. Durch die Erreger von Listeriose und Toxoplasmose kann es zu schweren Erkrankungen und auch zu Früh- und Totgeburten kommen. Ebenfalls verzichten solltest du aus diesen Gründen auf Salami, Rohwurst und Weichkäse. Eier, die nicht komplett durchgegart sind, bergen das Risiko einer Salmonellose, welche dir und deinem Kind schaden kann. Du kannst Eier essen, sie sollten nur durchgegart sein. Alkohol sollte grundsätzlich ab Bekanntwerden deiner Schwangerschaft bis über die Stillzeit hinaus tabu sein, sowie das Rauchen und andere Drogen.

Zwischen Appetitlosigkeit und Heißhungerattacken

Jede Frau muss für sich selbst herausfinden, was für sie die beste Ernährung ist, speziell dann, wenn bedingt durch den „Schwangerschafts-Hormon-Cocktail" noch Appetitlosigkeit, Übelkeit oder Heißhungerattacken hinzukommen. Dennoch kann ich dir wärmstens empfehlen, dich mit deiner Ernährung in der Schwangerschaft sinnvoll auseinanderzusetzen und dir zumindest darüber im Klaren sein, was für euch beide „essentiell" und „gesund" bedeutet.

Mein Vorhaben zu Beginn der Schwangerschaft war, mich, wie zuvor auch, ausgewogen, natürlich und abwechslungsreich zu ernähren. Ich verfolge keine bestimmte Diät, verzichte weitestgehend auf Nahrungsergänzung und versuche meine tägliche Aufnahme von Makronährstoffen mit einer Gewichtung aus 45–50 % Kohlenhydraten, 30–35 % Fetten und 20–25 % Proteinen zu kombinieren.

Die Bestätigung über meine Schwangerschaft bekam ich erst in der 5. SSW durch den Schwangerschaftstest, doch ahnten wir es schon aufgrund meines plötzlich veränderten Appetits. Es waren keine sauren Gurken oder kiloweise Eiscreme, sondern verdächtig war mein Hunger auf Spinat. Gleichzeitig wurde mir plötzlich beim Geruch von Kaffee, gebratenem Fleisch und Wurstwaren ziemlich übel. Das waren auch die Lebensmittel, auf die ich in den ersten 12 Wochen ausnahmslos verzichtete.

Selbstverständlich strich ich Rohmilchprodukte, Speisen, die rohe Eier enthalten, rohes Fleisch und Alkohol von meinem Speiseplan. Trotz der starken Übelkeit, unter der ich bis zur 13. SSW litt, hielt ich mich an 3–5 Mahlzeiten pro Tag, wobei die Hauptmahlzeiten gesetzt und zwei Zwischensnacks optional waren. Die Hauptmahlzeiten richteten wir nach meinen momentanen Gelüsten, wobei wir stets darauf achteten, wertvolle Kohlenhydrate, gute Proteinquellen und essenzielle Fette zu kombinieren.

Zudem nahm ich mir vor, auf Haushaltszucker zu verzichten, um einerseits meinen Zuckerspiegel möglichst konstant zu halten, andererseits meinem Kind nicht schon frühzeitig das Verlangen nach Süßem „in die Gene zu legen". Zugegebenermaßen hielt ich diesen Plan nicht lange durch. Es gab Tage und Momente, in denen ich Heißhunger auf Süßigkeiten wie Schokolade, Gummibärchen und Eiscreme hatte und diesem Verlangen nicht widerstehen konnte (und wollte).

Mein Appetit und auch meine Essgewohnheiten normalisierten sich etwa mit Beginn des 2. Trimesters. Keine außergewöhnlichen Gelüste mehr, keine Hungerattacken, keine Appetitlosigkeit. Ich bin mir sicher, dass auch das tägliche Training half, zu meinem gewohnten Essverhalten zurückzukehren. Morgens aß ich abwechselnd mein selbst zubereitetes Porridge aus zarten Haferflocken, Beeren, 30 g Proteinpulver (Vanille-Geschmack), aufgegossen mit kochendem Wasser und getoppt mit Kokosflocken und Leinsamen oder eine Schüssel Naturjoghurt 1,5 % (200 g) und Magerquark (50–100 g) gemischt mit Beeren oder anderem Obst und gehackten Nüssen. Mittags gab es meist etwas Kaltes. Salat mit Ziegen- oder Fetakäse, Vollkornbrot mit Avocado, Gemüsesticks mit Quark-Dip oder Reste vom Vorabend. Abends wird in der Regel bei uns gekocht, weil mein Mann und ich dann normalerweise zu Hause sind, wir bereits trainiert haben, die Zeit genießen und uns beim Kochen über den Tag unterhalten können. Unsere Gerichte sind abwechslungsreich und vielseitig. Fisch und Fleisch insgesamt 3–4-mal pro Woche, reichlich buntes Gemüse (gedämpft, gebraten oder aus dem Ofen) mit einer Beilage aus Kartoffeln, Vollkornnudeln, Hülsenfrüchte oder Vollkornreis. Falls mich zwischendurch der Hunger überkam, reichte ein Stück Obst, Gemüse oder eine Handvoll Nüsse.

Es gibt Frauen, die von nächtlichen Hungerattacken berichten. Ich persönlich habe das noch nie erlebt und schlafe in der Regel recht gut, sodass ich außer den häufigen schwangerschaftsbedingten Toilettengängen in der Nacht nicht aufstehen musste.

Die einzigen nächtlichen Wege zum Kühlschrank, die ich allerdings an zwei Händen abzählen kann, nahm ich in den letzten 4 Wochen vor Entbindung, weil ich unter starkem Sodbrennen litt, welches ich durch einen Schluck Milch direkt lindern konnte.

Auf Empfehlung meiner Gynäkologin und Hebamme substituierte ich über die gesamte Schwangerschaft hinweg Folsäure und Vitamine in Form von einem hochwertigen Multivitaminpräparat. Außerdem nahm ich vermehrt Magnesium (bis zu 600 mg täglich) zu mir, da ich zu Krämpfen und einem harten Bauch neigte. Trotz grenzwertigem Eisenwert verzichtete ich auf Eisentabletten, trank hin und wieder einen eisenhaltigen Saft oder achtete auf den regelmäßigen Verzehr von rotem Fleisch.

Stillen oder Fläschchen – Vor- und Nachteile für Sportlerinnen

Stillen ist unter Müttern, Hebammen und Ärzten ein stark diskutiertes und polarisierendes Thema. Unter den stillenden Müttern erfährst du Zuspruch und Befürwortung der natürlichen Muttermilchgabe und erhältst eine Vielzahl an Ratschlägen, wie du bestenfalls anlegst, „bestellen" lässt, welche Stillpositionen du einnehmen kannst und wie praktisch bzw. zeitsparend das Stillen sei. Häufig wirst du schräg angeschaut, wenn du in Erwägung ziehst, nicht oder nicht mehr zu stillen. Vor allem dann, wenn es sich dabei um rein persönliche Gründe und keine medizinischen Indikationen handelt. Es solle die erste Wahl bezüglich der Ernährung deines Kindes sein, die gesündeste, immunstärkendste und bindungsförderndste zugleich. Die Mehrzahl an Geburtshäusern und Kliniken plädieren für das Stillen und tun alles Erdenkliche, um die Stillbeziehung zwischen dir und deinem Kind sofort nach Geburt aufzubauen. Ein Versuch zu Stillen lohnt sich auf jeden Fall, da jede noch so kurze Stillzeit wertvoll für dein Baby ist.

Doch nicht immer klappt das Stillen oder passt einem von beiden, Mama oder Kind, gut in den Kram. Es gibt etliche Gründe, warum dein Kind nicht an deinen Brustwarzen nuckeln kann, sollte oder du es nicht willst. Sei es beispielsweise, dass du als Sportlerin schnell wieder zu deiner gewohnten Ernährungsweise zurückkehren möchtest, welche aus vielerlei Proteinquellen bestehen wird. Dazu gehören diverse Hülsenfrüchte und andere Nahrungsmittel, die sich auf deinen Körper positiv auswirken, jedoch eine stark blähende Wirkung haben und somit über die Muttermilch auch Blähungen bei deinem Kind verursachen können. Und da der Verdauungstrakt deines Kindes noch nicht gut ausgereift ist, kann dein Kleines schnell darunter leiden. Ob eine

Ansäuerung der Milch aufgrund einer erhöhten Milchsäureproduktion nach einem anaeroben Training zu Problemen führen kann, weil die Milch anders schmeckt und sie deinem Sprössling nicht schmeckt oder sie weniger bekömmlich ist, ist möglich, jedoch bisher nicht wissenschaftlich erwiesen. Warum probierst du es nicht einfach aus? Mehr als Ablehnen wird dein Baby die Milch nicht. Doch bevor wir uns die einzelnen Vor- und Nachteile des Stillens als Sportlerin ansehen, sei so viel gesagt: Stillen ist ein Thema, über welches du ganz allein entscheiden solltest, und zwar dann, wenn es soweit ist, die Erfahrung machen zu dürfen. Wäge deine Gründe sorgfältig ab, lass dich ggf. individuell von deiner Hebamme beraten und steh vor allem schlussendlich zu deiner Entscheidung. Niemand sollte dir bei dieser Entscheidung hineinreden oder schlecht urteilen. Euch beiden, dir und deinem Kind, muss es mit der Wahl der Ernährungsform gutgehen und dann wird auch alles gut. Alle Menschen um dich herum sind offensichtlich groß geworden, gleich ob sie als Säugling gestillt oder mit Milchpulver gefüttert wurden!

Wenn das Stillen nicht klappt

Immer wieder haben Kinder Schwierigkeiten, richtig an der Brust zu trinken. Sie schlafen oftmals dabei ein, bekommen nicht genug heraus und das Saugen strengt sie zu sehr an, oder das Gegenteil passiert und ihnen schießt die Milch förmlich in den Hals, sodass sie mit dem Schlucken nicht mehr hinterherkommen. Beides ist nicht ideal und für dein Kind auch nicht besonders angenehm. So kommt es, dass die Brust verweigert wird oder auch du selbst nicht glücklich mit dem Stillen bist, aber trotzdem gerne dein Kind mit deiner Milch versorgen möchtest. Dann besteht die Möglichkeit, dass du die Milch per Handpumpe oder mit einer elektrischen Milchpumpe abpumpst. Diese kannst du dir entweder anschaffen oder sie in der Apotheke ausleihen. Die abgepumpte Milch wird dann in ein Fläschchen umgefüllt, welches dann dein Kind bekommt. Im Vergleich zum normalen Stillen ist diese Methode mit einem erhöhten Aufwand verbunden, denn du wendest Zeit fürs Abpumpen und anschließend fürs Füttern auf, während du beim Stillen lediglich die Zeit des Anlegens investierst. Vorteilhaft beim Abpumpen ist jedoch, dass du mit dem Abpumpen zeitlich ein wenig unabhängiger bist. Die abgepumpte Milch kann etwa 4 Stunden bei Raumtemperatur, bis zu 3 Tagen im Kühlschrank und maximal 6 Monate tiefgefroren aufbewahrt werden. Bei vorheriger Planung kannst du also das Abpumpen deinen Tagesaktivitäten anpassen. Wenn du beispielsweise einen langen Spaziergang unternehmen oder trainieren möchtest, pumpst du vorher ab, um volle, schmerzhafte Brüste während der körperlichen Betätigung zu vermeiden. Außerdem können auch andere Bezugspersonen wie bspw. dein Partner oder die Großeltern deinem Kind das Fläschchen geben, wodurch du zeitlich flexibler wirst. Gerade nachts kann dir das Abpumpen ein paar Stunden mehr Schlaf verschaffen, wenn ihr euch mit dem Füttern abwechselt. Genauso kannst du so auch im Laufe der Zeit dein Training wieder voll in deinen Tagesablauf implementieren, wenn du weißt, dass für die Dauer des Trainings, inklusive Vorlaufzeit, Duschen und Frischmachen ausreichend Milch für dein Kind vorhanden ist und die Person, die währenddessen bei deinem Kind ist, das Fläschchen auch füttern kann. Beachte, dass die Muttermilch zu 90% aus Wasser besteht und daher zu wenig Flüssigkeitszufuhr die Milchbildung hemmt. Hast du eine schweißtreibende Trainingseinheit absolviert, achte darauf, dass du zusätzlich zu deiner täglichen erhöhten Flüssigkeitszufuhr noch mindestens weitere 0,5 Liter Flüssigkeit pro 30 Minuten Training zu dir nimmst.

Mögliche Vorteile des Stillens für Sportlerinnen:

- enge Mutter-Kind-Beziehung
- Versorgung mit natürlichen, notwendigen Nährstoffen
- anfängliche Stärkung des Immunsystems
- Milch jederzeit und in der richtigen Temperatur vorrätig

- keine zusätzlichen Kosten
- kein zusätzliches Equipment wie Fläschchen, Sauger, Wärmer, Sterilisator, Milchpumpe, etc. nötig

Mögliche Nachteile des Stillens für Sportlerinnen:

- hohe Abhängigkeit zwischen dir und deinem Kind
- geringere Bindung zu anderen Bezugspersonen
- eingeschränkte Zeitfenster für Training oder andere Arbeiten
- hoher Zeitaufwand je nach Trinkverhalten deines Kindes
- Veränderung der Milchqualität und somit der Verträglichkeit je nach deiner Ernährung, körperlicher Aktivität bzw. Trainingsintensität und psychischer Verfassung
- wenig Kontrolle über die Menge der aufgenommenen Nahrung deines Kindes

Wenn die Stillzeit zu Ende geht

Irgendwann kommt dann der Zeitpunkt des Abstillens. Das bedeutet, dass dein Körper immer weniger Milch produziert, bis gar keine Milch mehr da ist. Doch ganz so einfach passiert das nicht.

In vielen Fällen ist das Abstillen eine bewusst getroffene Entscheidung. Gründe dafür können sein, dass die Frau nicht mehr ausreichend Milch produziert, um den wachsenden Bedarf ihres Schützlings zu decken, das Kind inzwischen richtige Nahrung zu sich nimmt, sodass Muttermilch immer weniger notwendig wird oder sich bereits schon zu einem früheren Zeitpunkt die Frau mehr Freiheit und Flexibilität gönnen möchte und sie durch die Umstellung auf Fläschchen nicht mehr die einzige Versorgerin ist. So kann auch mal nachts der Papa das Füttern übernehmen, oder tagsüber Oma, Opa und andere nahestehenden Personen, die sich zeitweise um die Betreuung des Kindes kümmern. Hin und wieder gibt es auch Frauen, die nach der Geburt zwar einen

Milcheinschuss haben, das Kind jedoch die Milch an der Brust nicht trinken kann oder möchte und das Abpumpen dann keine Alternative für die Mutter darstellt. Auch in diesem Fall kann die Mutter abstillen, wobei dabei häufig unterstützende Medikamente bzw. Hormone zum Einsatz kommen, um die Milchproduktion schnellstmöglich zu stoppen.

Wann der richtige Zeitpunkt des Abstillens ist, entscheidest du und dein Kind ganz alleine und in der Regel ist das auch keine Kopfentscheidung, sondern du beobachtest und fühlst es. Du kannst dir sicher sein, der Zeitpunkt kommt von ganz allein. Dabei hilft auch der Austausch mit anderen Müttern nicht sonderlich, denn jede von ihnen hat eine ganz persönliche Einstellung dazu und weiß es sicherlich für sich selbst am besten, jedoch nicht für dich. Manche Mütter stillen gar nicht, andere mehrere Jahre. Eine gute Beziehung zwischen dir und deinem Kind wird dich das Ende der Stillzeit fühlen lassen.

Doch wie funktioniert das natürliche Abstillen? Deine Milchproduktion läuft ganz nach dem Prinzip von Angebot und Nachfrage. Legst du deinen Schützling viel an und saugt er regelmäßig stark, so produzieren deine Brüste auch mehr Milch. Verlangt dein Baby weniger Nahrung oder verlängern sich die Abstände zwischen den Mahlzeiten, so geht die Milchproduktion sukzessive zurück. Ist nun also der Moment gekommen, an dem du abstillen möchtest, ersetzt du nach und nach eine Stillmahlzeit mit einem Fläschchen oder einer Breimahlzeit, je nachdem, wie alt dein Kind ist. Anfangs werden sich deine Brüste noch stark bis zum nächsten Stillen oder Abpumpen mit Milch füllen, was durchaus auch unangenehm sein kann, weil sie sich prall anfühlen und drücken. Doch dein Körper stellt sich nach einigen Tagen auf den reduzierten Bedarf ein. Sobald dies geschehen ist und dein Kind sich an die Ersatzmahlzeit gewöhnt hat, tauschst du wieder eine Mahlzeit aus. So fährst du fort, bis du alle Mahlzeiten durch Beikost oder Milchpulver ersetzt hast. Hilfreich ist es, beim Duschen oder Baden die Brüste auszustreichen, um so ein wenig Druck zu nehmen oder auch gegen Ende den letzten Rest an Milch, für den sich das Abpumpen oder eine eigene Mahlzeit nicht mehr lohnt, loszuwerden. Dieser Prozess kann wenige Tage bis Wochen dauern, abhängig davon, wie viel Milch du anfangs produziert hast und wie schnell sich dein Körper umstellt. Es gibt ein paar Hausmittel, wie täglich ein bis zwei Tassen Ingwer- oder Salbeitee, die beim Abstillen unterstützen können. Ergänzend lohnt es sich, eine ruhige Phase für den Zeitpunkt des Abstillens zu wählen, in der es keine weiteren Veränderungen oder Herausforderungen zu bewältigen gibt wie räumliche, klimatische Wechsel, Stressphasen der Eltern oder Entwicklungsschübe des Kindes.

FAZIT

Stillen ist immer ein Thema für sich und es gibt nicht die „richtige" Lösung. Es sollte ganz allein deine, höchstens eure (deine und die deines Kindes) Entscheidung sein, ob du stillst oder nicht. Beide Entscheidungen sind unter gesundheitlichen Aspekten zu vertreten und häufig wird dir die Entscheidung durch körperliche oder psychische Indikatoren ohnehin abgenommen. Grundsätzlich gibt es für dich als Sportlerin sowohl Vorteile als auch Nachteile des Stillens.

Die Vorteile liegen in einer direkten Mutter-Kind-Bindung, einer anfänglichen Unterstützung des kindlichen Immunsystems, einer allzeitigen Milchverfügbarkeit, wenig zusätzlichen Kosten und keinem nötigen Equipment wie Fläschchen, Sterilisator, Pumpe, etc.

Die Nachteile können hingegen in der hohen Abhängigkeit liegen, der geringeren Bildung zu anderen Bezugspersonen, einem anfänglich stark eingeschränkten Zeitfenster für dich selbst oder dein Training, einem hohen Zeitaufwand und einer möglichen Veränderung der Milchqualität beim Stillen nach einer Trainingseinheit oder durch Einwirkung von Stress. Außerdem hast du einen schlechteren Überblick über die aufgenommene Nahrungsmenge, sollte dein Kind mit der Gewichtszunahme kämpfen oder gar zu viel trinken und ständig spucken. Was häufig erst später unterschätzt wird, ist die starke emotionale Bindung, wenn der Zeitpunkt des Abstillens kommt. Dabei haben die Mütter oftmals mehr mit dem „Loslassen" zu kämpfen wie das Kind selbst. Abstillen ist ein Vorgang, der normalerweise von allein geschieht, sobald das Kind die Brust verweigert oder du als Mutter entscheidest, dass es reicht. So kann das Abstillen bereits innerhalb weniger Tage erfolgen oder sich über Wochen, gar Monate ziehen, wenn du nur langsam die Mahlzeiten reduzierst oder sogar noch hin und wieder dein Kind anlegst. Wichtig ist, dass du dich stets gut mit der Situation fühlst und dir und deinem Kind vertraust. Falls du damit zu kämpfen hast, freu dich doch vielleicht darauf, deinen Körper wieder ganz für dich zu haben und auch im Training langsam wieder voll einsteigen zu können.

Stillen – Vom ursprünglichen Wunsch zum wachsenden Stressor

Während der Schwangerschaft habe ich mir keine großen Gedanken über das Stillen gemacht. Ich wollte es auf mich zukommen lassen, es auf jeden Fall versuchen, aber auch nicht verzweifeln, sollte es nicht funktionieren. Erzählungen nach wurde ich selbst nicht gestillt, weil ich, als ich zur Welt kam, sehr klein und schwach war und mir das Nuckeln an der Brust schwerfiel. Nichtsdestotrotz wollte ich nach Möglichkeit gerne erst einmal meinen Sohn stillen und anfänglich, direkt nach der Geburt, hat er auch problemlos angefangen, an meiner Brust zu saugen. Sogar so, dass ich bereits nach wenigen Stunden das Gefühl hatte, mir fielen die Brustwarzen ab. Das interessierte ihn jedoch wenig. Er suchte und suchte, aber das, was er bekam, schien ihn nicht zu befriedigen. Er schlief schon nach kurzer Zeit beim Stillen ein, fing aber sofort wieder an zu weinen, wenn ich ihn abdocken ließ oder nur anders positionierte. Weder die verschiedenen Stillpositionen halfen noch die Geduld meinerseits – keine Stillhütchen und auch kein anderer ruhiger Ort zum Stillen. Es war immer das Gleiche: Hunger, Geschrei, Andocken, Einschlafen, Abdocken, Geschrei – mit dem Ergebnis, dass mein Sohn an Körpergewicht verlor und nur schwer wieder zunahm. Meine Brustwarzen waren nach wenigen Tagen offen und wund, meine Brüste spannten, weil er sie nicht leer trank.

Er bekam bereits nach zwei Wochen abends, bevor wir ins Bett gingen, ein Fläschchen. Nach dem Fläschchen schlief er das erste Mal mehrere Stunden am Stück, was nicht nur ihm für seine Entwicklung guttat, sondern auch uns als Eltern, die seit der Geburt die Schlafzeit an zwei Händen abzählen konnten. Wir fuhren von dort an weiterhin zweigleisig. Tagsüber stillte ich ihn, abends gab es ein Fläschchen, nachts wurde wieder gestillt. Für mich war das Stillen jedoch jedes Mal eine Geduldsprobe, weil ich meinen Sohn mehrmals während der Mahlzeit animieren musste zu trinken, ihn versuchte wach zu halten und selbst keine bequeme Position mehr fand. Schultern und Nacken taten weh und ich kam zu kaum etwas anderem mehr, was sich schnell auf eine Stimmung übertrug. Meine Reizschwelle war extrem niedrig und ich fand mich nicht darin wieder, die meiste Zeit des Tages mit Stillen zu verbringen. Es musste sich etwas verändern, sowohl für meinen Sohn als auch für mich. Dennoch wollte ich ihm weiterhin noch Muttermilch anbieten, sodass nur noch das Abpumpen in Frage kam. Zuerst per Hand, dann mit elektrischer Milchpumpe sammelte ich nun die Milch in Fläschchen und fütterte sie ihm anschließend. Doppelter Zeitaufwand, aber auf diese Weise produzierte ich weiterhin fleißig Milch, konnte, und wenn es nur für meinen Kopf war, meinem Sohn alles Wertvolle der Muttermilch geben, und er wurde satt, denn durch das Fläschchen konnte er schneller, wahrscheinlich auch leichter trinken und war insgesamt zufriedener. Nach wie vor bekam er abends ein Fläschchen mit Pre-Milch, da meist meine eigene Milch gegen Abend hin nicht mehr ausreichte. Dieses System funktionierte für uns insgesamt drei Monate und das war auch mein Ziel, das ich mir setzte, um anschließend mit einem guten Gefühl abstillen zu können. Ich nahm die doppelte Zeitinvestition dafür gerne in Kauf.

Mit der Zeit, mit der mein Sohn größere Mengen trank, ersetzten wir nach und nach weitere Mahlzeiten durch Pre-Milch. Zunächst das Mittagsfläschchen, anschließend eines am Morgen, sodass wir immer eine Mahlzeit mit Muttermilch mit einem Milchpulverfläschchen abwechselten. Als dann auch meine Milch mit der Zeit weniger wurde, reduzierten wir weiter. Inzwischen musste ich schon Milch nach dem Abpumpen sammeln, bis sich eine vollständige Mahlzeit ergab. Endgültig blieb die Milch weg, als ich nur noch die kleinen Mengen, die noch da waren, während des Duschens ausstrich. All in allem zog sich mein natürliches Abstillen von dem Moment an, ab dem wir die erste Muttermilch-Mahlzeit ersetzten, bis zur ausschließlichen Gabe des Milchpulvers über 6 Wochen.

Übrigens, ich habe selbst, schon aus Gründen des Temperatur-Checks, beide Milcharten probiert und konnte ebenfalls keinen geschmacklichen oder konsistenten Unterschied feststellen. Im Nachhinein bin ich froh, dass ich versucht habe zu stillen und verschiedene Alternativen ausprobiert habe, doch ich hätte auch jeden anderen Weg vertreten können. Jede Mutter hat zum Thema Stillen eine eigene Einstellung und das ist völlig in Ordnung. Ich bin der Meinung, dass wir es alle so machen sollten, wie wir es für richtig halten, es jedoch vermeiden sollten, Ratschläge darüber zu verteilen oder andere Mütter für ihre Ernährungswahl zu verurteilen. Jeder Körper ist unterschiedlich, jedes Kind ist anders und Mutter und Kind müssen ihren Weg finden, der am besten für sie passt.

Wochenbett und Rückbildungsphase

Die Zeit des Wochenbettes beginnt mit dem Ende der Geburt und dauert etwa 6 Wochen lang. Früher verbrachten die Frauen diese Zeit häufig im Bett, woher auch der Name stammt, um sich von den Strapazen der Geburt und eventuellen Geburtsverletzungen zu erholen. Außerdem galt die Zeit der Eingewöhnung von Mutter und Kind. Auch heute noch ist dies der Sinn und Zweck dieser Phase nach der Entbindung. Es darf ausgiebig gekuschelt werden, Ruhe und Erholung haben oberste Priorität. Wie lange jedoch deine Zeit des Wochenbettes andauert, bleibt dir überlassen. Einige Frauen verzichten ganz darauf, andere verkürzen sie auf wenige Wochen, wiederum andere genießen diese Zeit intensiv und möchten sie am liebsten endlos weiterleben. Dennoch sollte das Wochenbett nicht maßlos ausgedehnt werden, denn im Anschluss daran folgt die Rückbildungsphase und diese ist nicht

nur körperlich enorm wichtig, sondern zeichnet sich auch aus als Wiedereinstieg in den routinierten Alltag und das Training.

Die erste Zeit nach der Geburt ist nicht immer leicht. Das kleine Wesen braucht 24-Stunden-Fürsorge und du bist permanent im Einsatz. Du kannst die Zeichen deines Babys noch nicht klar deuten und springst zwischen Füttern, Wickeln, Beruhigen, stundenlangem Tragen und eigenen Aufgaben, wenn dein Kleines schläft. Körperlich und mental bist du maximal ausgelastet und das kostet Energie. Die anfänglichen schlaflosen Nächte und die Hormon-Umstellung fordern deine psychische und physische Stärke. Da bleibt zunächst wenig Kraft und Zeit für dein Sportprogramm. Meist fehlt dir dafür auch einfach die Motivation. Müdigkeit und Erschöpfung überwiegen. Eigentlich möchtest du aber schnell wieder etwas für deinen Körper tun, um die Babypfunde zu verlieren, deine Körpermitte zu straffen und dich wieder besser zu fühlen. Ein Zustand, der für dich als Powerfrau höchst ungewöhnlich ist. Doch auch diese Phase geht vorüber – ganz bestimmt!

Was dein Sportprogramm angeht, ist in dieser Phase Rücksicht geboten. Deine körperlichen Strukturen sind noch sehr sensibel und anfällig, egal wie sportlich du vorher warst und egal wie deine Geburt verlaufen ist. Ein falsches oder zu frühes Training kann eine Rektusdiastase, folglich einen vorgewölbten Unterbauch, Beckenbodenproblematiken und chronische Rückenbeschwerden verursachen. Um diese Risiken zu vermeiden, ist ein systematisch aufgebautes postnatales Training vorteilhaft.

In den ersten 6 Wochen steht die Mutter-Kind-Beziehung im Vordergrund. Neben dem Fokus auf dein Kind gelten die ersten Wochen deiner körperlichen Regeneration. Falls dir danach ist, gezielte Übungen schon wieder in deinen Alltag zu integrieren, bieten sich Entspannungsübungen und sanfte Körperwahrnehmungen an. Du kannst dich mit verschiedenen Atemtechniken, Meditationen, Achtsamkeitsübungen und leichter Mobilisation beschäftigen.

Etwa ab der 7. Woche, individuell abhängig vom Geburtsverlauf und dem Zustand der Frau bereits auch schon nach vier Wochen, beginnt die Zeit der Rückbildung. Das bedeutet, dass du ab diesem Zeitpunkt mit einem gezielten Rückbildungsprogramm beginnen kannst. Großen Wert solltest du dabei auf ein langsames, konsequentes Wiederaufbautraining des Sehnen-, Band- und Muskelapparates legen, sowie auf den erneuten Aufbau deiner Ausdauerleistungsfähigkeit. Du lernst zunächst die Körpermitte wieder anzusteuern und anzuspannen. Du kräftigst Beckenboden und Rumpfmuskulatur und integrierst schrittweise Ganzkörperübungen in dein Training. Diese konkreten Trainingsziele solltest du bis mindestens 6 Monate nach der Geburt verfolgen. Es gibt zum heutigen Zeitpunkt keine veröffentlichen Studien, die nachweisen, dass bei fehlenden medizinischen Problemen eine schnelle Aufnahme von körperlicher Aktivität zu negativen Folgen führen könnte. Allerdings solltest du noch mit hohen Belastungen warten. Selbst wenn du vorher gut trainiert und hohe Gewichte bzw. Intensitäten gewohnt warst, braucht dein Körper nach der Geburt mindestens 12 Wochen Zeit, um wieder in der Lage für ein volles Training zu sein. Selbst wenn du keine fühlbaren Nachwirkungen mehr von der Schwangerschaft und der Geburt hast und dich eigentlich wieder bereit fühlst, kann ein zu früher Wiedereinstieg ins volle Training langfristige Folgen in Bezug auf Beckenbodenschwäche und Organsenkungen haben.

Wie ein gezieltes Rückbildungsworkout aussieht, findest du auf den letzten Seiten dieses Buches. Einfach, flexibel und zeitsparend kannst du diesem 6-wöchigen Wiederaufbautraining beliebig von zu Hause aus folgen. Ich empfehle dir pro Woche ein Workout vorzunehmen und es 1–2-mal selbstständig zu absolvieren. Es gibt dir Tipps und Empfehlungen, wie du auch im Anschluss daran einzelne Übungen in deinen Trainingsalltag integrierst, um gezielt deinen Beckenboden weiterhin zu stärken.

Dein Wiedereinstieg ins Training

Jetzt kannst du es kaum mehr abwarten. Die Rückbildungsphase neigt sich dem Ende zu und du möchtest endlich wieder richtig trainieren? Höhere Intensitäten, Gewichte, high-impacts und große Bewegungsamplituden? Ein gutes Jahr ist es inzwischen her, seitdem du das letzte Mal das Gefühl von maximaler Erschöpfung nach einer Trainingseinheit hattest. Schon eine lange Zeit, doch wenn du zurückdenkst, kommt dir die Zeit vielleicht gar nicht so lang vor. Das liegt daran, dass du weiterhin fleißig Sport getrieben und lediglich Alternativen akzeptiert hast, wie du mit deinem eigenen Körpergewicht und reduzierter Intensität auf ein gesundes Sportpensum gekommen bist.

Doch bevor du wieder richtig einsteigst, gilt es ein paar Dinge zu beachten:

Hinterfrage dich, ob du wirklich bereit für dein volles Training bist oder ob es nur ein Drang in deinem Kopf ist, weil du dir dieses Startdatum vorgegeben hast, du dich selbst unter Druck setzt, du vielleicht schon wieder einen Wettkampf im Auge hast oder du meinst, dass dein „normaler" Zustand so langsam wieder von anderen erwartet wird? Es gibt verschiedene Faktoren, die den Zeitpunkt bestimmen, wieder zu alten Gewohnheiten zurückzukehren.

Zuerst gilt dein eigener Zustand. Nach Geburtsverletzungen oder einem Kaiserschnitt sollten alle Wunden und Narben gut verheilt sein und dir keine Schmerzen mehr bereiten. Im Idealfall hattest du bereits den Nachsorgetermin bei deiner Frauenärztin, die dir die vollständige Wundheilung und Rückbildung der Gebärmutter bestätigt hat.

Wie steht es um deine Psyche? Konntest du dich von der ersten Erschöpfung nach der Geburt in Folge von Schlafmangel, Hormonumstellung und neuen Aufgaben erholen? Wenn du dich nach wie vor permanent müde und energielos fühlst, braucht dein Körper einfach noch ein wenig Zeit.

Habt ihr euch als Familie eingelebt? Wenn ja, dann habt ihr wahrscheinlich einen neuen Rhythmus gefunden, der dir als Mutter, deinem Partner und deinem Kind Geborgenheit und Sicherheit vermittelt und euch immer wieder Freizeiten verschafft. Nicht selten kommen dazu noch andere Personen ins Spiel, die euch tatkräftig unterstützen. Meist sind es Großeltern, Tante, Onkel oder gute Freunde, die euch hin und wieder Arbeiten und Wege abnehmen oder stunden- bzw. tageweise euer Kind betreuen, was euch die Möglichkeit verschafft, in Ruhe etwas zu erledigen, zu trainieren oder wieder zu arbeiten.

Weiterhin in Betracht gezogen werden sollte die Gesundheit und das Temperament deines Kindes. Lässt es sich ablegen oder braucht es viel Nähe und Aufmerksamkeit? Ein Kind, das häufig und überall schläft, in den Wachphasen ruhig durch die Gegend schaut oder sich bald schon selbst beschäftigen kann, indem es ein Tuch oder Spielzeug vor Augen und Mund erkundet, kannst du durchaus im Kinderwagen, Beistellbett oder Laufstall neben deiner Trainingsarea ablegen. So hast du es immer im Auge, es ist bei dir und doch kannst du frei trainieren. Hast du jedoch ein sensibleres oder aktives Kind, welches nicht so einfach in den Schlaf fällt, sich unwohl fühlt, wenn es im Wach zustand über eine längere Zeit abgelegt wird, dann sind deine Trainingsmöglichkeiten noch recht eingeschränkt. Doch auch deine Zeit wird kommen. Mit jedem Entwicklungsschub gewinnt es an Reife und wortwörtlichem Selbst-Bewusst-Sein, sodass es irgendwann verstehen wird, dass seine Mutter nicht weg ist, fremde Geräusche nicht bedrohlich sind und es sich auch mit anderen Bezugspersonen vertraut fühlen kann. Vielleicht kannst du dich auch mit deinem Partner absprechen, sodass ihr euch gegenseitig Zeitslots gewährt, in dem ihr ausschließlich Zeit für euch selbst habt. Zeit fürs Training, für Ruhe, für Projekte oder anderes, gleich ob dein Kind quengelt oder gar schreit. Solange es dafür keinen außergewöhnlichen, ernsthaften Grund gibt, kann sich derjenige von euch, der gerade das Kind bei sich hat, voll und ganz um das Kleine kümmern. Wenn es dir schwerfällt, abzuschalten oder dich auf das Training zu konzentrieren, versuche es doch mal mit Stöpseln in den Ohren oder verlasse dafür die Wohnung. Deshalb bist du noch lange keine Rabenmutter. Du nimmst dir lediglich ein klein wenig Zeit für dich, und die brauchst du!

Sobald du mit diesen Punkten im Reinen bist, steht deinem vollen Training nichts mehr im Wege. Nun kannst du dein Training intuitiv oder nach einem gezielten Plan wieder aufbauen. Nach wie vor besteht ein großer Bestandteil deiner Übungen aus Kraftübungen für Rumpf und Beckenboden. Doch gleichzeitig kannst du wieder mit funktionellen Ganzkörperübungen beginnen, sowie mit isolierten Bewegungen zum Aufbau bestimmter Muskelgruppen. Höre bei allen Übungen auf deinen Körper. Wenn etwas noch zu intensiv ist, wirst du es merken. Ein Zwicken oder Ziehen im Scham-, Leisten-, Bauch- oder Lendenbereich sind Zeichen dafür, die Intensität zu reduzieren oder gar das Training abzubrechen. Auch schmerzfreie Auffälligkeiten wie unkontrollierter Urinverlust oder Blutungen solltest du ernst nehmen, denn sie weisen darauf hin, dass sich Strukturen, die sich durch Schwangerschaft und Geburt verändert haben, noch nicht vollständig zurückgebildet sind. Dein Körper hat noch immer nicht die volle Spannkraft und Explosivität. Vielleicht bemerkst du, dass dir dadurch noch die gewohnte Spritzigkeit fehlt und du wortwörtlich noch nicht so richtig „aus dem Quark kommst". Das ist ganz normal. Du hast immer noch Hormone im Körper, die dafür sorgen, dass dein Gewebe und deine Bänder noch weich sind, und außerdem hast du ihm solche Intensitäten und Belastungen lange Zeit nicht abverlangt. Dennoch brauchst du keine Angst haben, dass du wieder ganz von vorn beginnen musst.

In deinem Gehirn sind Bewegungen und Ausführungen, die du vor der Schwangerschaft regelmäßig gemacht hast, abgespeichert. Indem du sie wieder in dein Training aufnimmst, rufst du sie allmählich wieder ab. Auch hier ist lediglich ein wenig Geduld und Durchhaltevermögen gefragt. Du wirst schon bald wieder deine gewünschte Form haben.

Welche Übungen zuerst?

Beginnen kannst du grundsätzlich mit allen Bewegungsmustern – Squat, Lunge, Push, Pull, Bend, Rotation, im weitesten Sinne auch Plank. Übungen für die Beine wie Squats und Lunges werden dir bis zu einem bestimmten Grad wahrscheinlich keine Probleme bereiten. Erhöhe zunächst die Anzahl der Wiederholungen, der Sätze und die Gesamttrainingszeit, um deinen Körper wieder an dein ursprüngliches Trainingspensum zu gewöhnen. Sobald du ein Fitnesslevel erreicht hast, auf dem Ausdauer, Beweglichkeit, Kraft, Koordination und ggf. Schnelligkeit wieder eine gute Basis darstellen und du selbst merkst, dass sich sowohl deine Belastbarkeit wie auch deine Regenerationsfähigkeit deutlich verbessert haben, kannst du mit einer langsamen Steigerung der Gewichte fortfahren und dich Stück für Stück an deinen gewohnten „load" herantasten. Wenn die Bodyweight-Variante technisch einwandfrei und schmerzlos funktioniert, steigere die Intensität durch Hinzunahme von Kleinequipment oder leichten Gewichten bis hin zu hohen Intensitäten durch große Bewegungsamplituden, explosiven Bewegungen und schweren Gewichten durch Kraftmaschinen oder Langhanteln. Achte bei jeder Steigerung auf Anzeichen deines Körpers. Nach wie vor steht deine Gesundheit über deinem Ehrgeiz. Übungen, die eine hohe Anspannung deines Bauches erfordern und bei denen ein hoher intra-abdominaler Druck entsteht, sollten immer wieder auf die individuelle Durchführbarkeit überprüft werden. Dazu gehören Planks, vor allem im langen Hebel und unter zusätzlicher Belastung und verschiedene Bend-Übungen wie beispielsweise schweres Kreuzheben oder Klappmesser-Variationen. Die vollständige Rückkehr in deine gewohnte Form liegt zeitlich gesehen individuell bei 6–24 Monaten nach der Geburt.

Zurück zu meiner Wunschform

Wenn ich ehrlich bin, ist seit Beginn meiner Schwangerschaft kein Tag vergangen, an dem ich mich nicht nach meinem gewohnten Training und meiner ursprünglichen Form zurückgesehnt habe. Es ist nicht so, dass ich irgendeinen Schritt bereut habe. Doch wenn ich mir hätte aussuchen dürfen, welche körperliche Verfassung ich bevorzugen würde, dann definitiv die in nicht-schwangerem Zustand und auch nicht die kurz nach der Geburt. Nachdem ich für mich die Wochenbettphase beendet und schon einige Rückbildungsworkouts hinter mich gebracht hatte, konnte ich allmählich wieder in mein gewohntes Training einsteigen. Durch den „corona-bedingten" Lockdown konnte ich mein Training nur draußen oder zu Hause im Wohnzimmer durchführen. Daher war es bei mir eher ein fließender Übergang von leichten Ganzkörperübungen hin zu intensiveren Bodyweight-Varianten und Übungen mit Kleinequipment. Kurz gesagt, meine Kniebeugen und Ausfallschritte wurden von Woche zu Woche größer, tiefer, schneller oder explosiver. Der Hebel der Planks und Push-ups wurde größer und die Vielfalt und Intensität der Bauchübungen nahm zu.

Das erste Mal mit Kurzhanteln, die nahe an meine ursprünglichen Trainingsgewichte herankamen, trainierte ich 14 Wochen nach der Entbindung. Und selbst das war der frühestmögliche Zeitpunkt. Mir fiel es noch schwer, die nötige Bauchspannung für die Höhe der Gewichte aufzubauen und den Beckenboden angespannt zu halten. Allerdings funktionierte meine Körperwahrnehmung und ich wechselte zurück zum eigenen Körpergewicht, als ich diese Strukturen nicht mehr voll ansteuern konnte. Mit den darauffolgenden Trainingseinheiten gelingen mir immer ein paar Wiederholungen mehr. Meinen ersten 5-km-Lauf absolvierte ich bereits 10 Wochen nach Entbindung. Das war damals auch wieder mein erster Lauf. Mit dem Laufen war ich vorsichtiger als mit den Kraftübungen, da mein Beckenboden bereits nach kurzer Zeit während des Laufens schwach wurde. Schwierig zu beschreiben, aber es fühlte sich an, als würde er frühzeitig ermüden und ich bemerkte ein leichtes Ziehen oder Stechen im Schambzw. Leistenbereich. Dieses Ziehen hielt noch ein bis zwei Tage nach dem Lauf an, verschwand dann aber wieder. Doch aufgrund dieser Symptome beließ ich es anfangs auf ein bis zwei Laufeinheiten pro Woche und gab mich mit einem langsameren Tempo als gewohnt und einer Kilometerzahl zwischen 4 und 7 zufrieden. Erst nach 4 Monaten konnte ich uneingeschränkt wieder laufen, das Tempo erhöhen und die Kilometeranzahl meinem gewünschten Trainingsplan anpassen.

Nach dem 4. Monat verfolgte ich wieder meinen Trainingsplan, der mich auf den nächsten Wettkampf vorbereiten sollte. Zu diesem Zeitpunkt gab es keine Übung, keine Trainingsinhalte mehr, die ich modifizieren musste. So jedenfalls die Fakten auf dem Papier.

Körperlich subjektiv sah es ein wenig anders aus. Das Training fühlte sich zwar mühelos an und nach wie vor blieb die Anzeige meiner Waage weit unter meinem Körpergewicht vor der Schwangerschaft stehen, was immer meine große Motivation war, doch optisch hatte ich noch einiges zu bemängeln. Es schien, als würden die Überbleibsel meiner Schwangerschaft vom Brustkorb über den Oberbauch zum Unterbauch hin „abfallen". Überschüssige Haut blieb noch lange wie ein Rettungsring im Bereich der Hüftknochen hängen. Wenn ich dort hineinkniff, hatte ich leere, schwabbelige Haut in der Hand. Die Kaiserschnittnarbe begünstigte diese Wulstbildung im Unterbauch. Ich mochte meine neue Figur, blickte jedoch immer auf diesen „Schönheitsfehler".

Oben zeichneten sich längst wieder die Bauchmuskeln ab und zog ich meine Hose weit genug hoch, war ich rein optisch auch wieder gut „in shape". Es war allerdings Sommer und mein erstes Fitnessevent fand 6 Monate nach Entbindung statt, im Süden am Strand und Meer. So zeigte ich mich erstmals wieder im Bikini und das war meiner Meinung nach kein schöner Anblick. Ich fühlte mich noch immer unwohl. Es brauchte also noch mehr Zeit, Geduld und Arbeit.

Ich konzentrierte mich wieder verstärkt auf eine cleane Ernährung, ein abwechslungsreiches und aufeinander abgestimmtes Training und schröpfte, cremte und massierte meine Kaiserschnittnarbe und meinen Unterbauch. Mit den darauffolgenden Wochen wurde es langsam besser. Haut und Gewebe bilden sich

tatsächlich zurück, brauchen aber einfach ihre Zeit. Ich wollte es nicht glauben und dachte, bei mir ginge es schneller, doch ich stimme der Faustregel nun vollkommen zu: „Eine Schwangerschaft kommt neun Monate und geht neun Monate." Auch bei uns Sportlerinnen! Zusammenfassend kann ich also sagen, dass mich die Schwangerschaft und die Zeit nach der Geburt insgesamt 20 Monate von meiner eigentlichen sportlichen Form entfernt hielten, die es mir aber auch ausnahmslos wert waren.

Life Hacks für Sportlerinnen in und nach der Schwangerschaft

Sportlerinnen möchten nicht nur regelmäßig ihr Training, sondern auch ihren Tagesablauf optimieren, um möglichst viel „unter einen Hut zu bekommen", nicht wahr? Dazu sind sicherlich ein paar kleine Tipps und Tricks hilfreich, die dir die Schwangerschaft und die Zeit bis zum Wiedereinstieg erleichtern und Notwendiges mit Nützlichem verbinden.

Gemütliche Bekleidung

„Wer Jogginghosen trägt, hat die Kontrolle über sein Leben verloren", sagte einst Karl Lagerfeld und gewann damit einen Platz in der Liste der bekanntesten Zitate.

Nur ist Karl Lagerfeld ein Mann und war noch nie schwanger! Wir Sportlerinnen sind Jogginghosen gewohnt und dürfen sie auch gerne in der Schwangerschaft tragen. Auch später nach der Geburt – Mama zu sein ist hin und wieder Extremsport! Deshalb tragen wir gerne mal den ganzen Tag Sportkleidung! Es muss nicht die ausgewaschene, ausgebeulte „Gammelhose" sein, deren letzte Tage gezählt sind. Doch empfehle ich dir, dir für die Zeit mit kugelrundem Bauch zwei bis drei schöne und vor allem gemütliche „Homewear-Sets" anzulegen, in denen du dich wohlfühlst. Dein Bauch ist sensibel und druckempfindlich. Suche dir aus der „mama-Kollektion" eine Hose, die weit über den Bauch geht oder eine Hose, die, obwohl sie unter dem Bauch hängt, noch immer Stil hat. Achte auf Beinbeweglichkeit und vermeide, gerade bei Ödemen und Wassereinlagerungen, enge Bekleidung an Waden und Schenkeln. Auch nach der Entbindung wirst du froh sein, dich nicht gleich wieder in die enge Jeans pressen zu müssen. Bauch und Brüste sind weiterhin empfindlich. Im Verlauf des Wochenbettes kannst du aber langsam wieder deine Lieblingsklamotten aus den Tiefen deines Kleiderschrankes hervorräumen. Und wenn es deine Motivation steigert, schon bald wieder hineinzupassen.

Gleiches gilt für deine Sportoutfits. Inzwischen haben einige Firmen ihre Kollektion auf den Bedarf sportlicher Mamas erweitert. Die Hosen sollen bequem sein, nicht rutschen und dennoch dürfen sie gut aussehen. Die Oberteile sind länger und haben mehr Stoff um den Bauch herum, sodass sie selbst bei großem Babybauch nicht irgendwo zwischen Nabel und Schambein aufhören.

Mama-Kollektion oder Eigenkreativität

Es gibt inzwischen modische und stylische Bekleidung für schwangere Frauen. Sie bestehen meist aus einer dehnbaren Hose, die mit einem zusätzlichen Einsatz über den Bauch gehen und Oberteilen, die entweder weit über den Bauch fallen oder eng geschnitten sind, aber zusätzlichen Stoff am Bauch eingenäht haben. Sicher kannst du alles neu und teuer kaufen, doch ist das wirklich notwendig? Denke daran, es sind nur 9 Monate und danach bist du froh, dich von diesen Klamotten verabschieden zu können. Es gibt tolle Seiten, Portale und Facebook-Gruppen, in denen du die Sachen günstig oder gebraucht erwerben kannst. Eine Seite, die ich gelegentlich besucht habe, ist https://www.vinted.de/ Schau doch einfach mal vorbei.

Genauso gut kannst du gewöhnliche Kleidungsstücke neu verwenden. Hast du eine etwas weitere Lieblingsjeans? Versuche doch mal, einen Gummi ins Knopfloch zu ziehen und das andere Ende um den Knopf herumzulegen. Deine Hose steht zwar offen, ist aber weiter und lässt sich mit einem langen, darüber fallenden Oberteil gut kaschieren. Ebenso praktisch sind die Freizeithemden deines Mannes. Du kannst sie als Kleid anziehen, durch einen Gürtel über dem Bauch eine Form hineinbringen und darunter eine dickere Strumpfhose anziehen.

Sportequipment für zu Hause

Damit du bis zum Ende deinem täglichen Bewegungsdrang gerecht werden kannst, solltest du dir für zu Hause ein „mama bleibt fit" Set an Sportequipment anlegen. Dazu gehören eine Yogamatte, ggf. ein Yogablock, Mini- und Superbands in verschiedenen Stärken (ich nutze die Bänder der Marke FLEXVIT, https://flexvit.band/), eine Faszienrolle und ein Duoball, mit dem du selbst deinen unteren Rücken bei aufkommenden Rückenschmerzen massieren kannst. Außerdem sinnvoll sind funktionelle Trainingsgeräte wie Kettlebells, Kurzhanteln, Medizinbälle oder Schlingentrainer.

Sportroutinen

Eigne dir frühzeitig Routinen an, die deine tägliche Bewegung sicherstellen. Es können Mobility Routinen am Morgen sein, Schwangerschafts-Yoga Flows am Mittag, Slots für Babybauch-Workouts, Zeiten für ausgedehnte Spaziergänge an der frischen Luft, Zielzahlen auf deinem Schrittzähler oder signalunterstützte Zeitintervalle für abwechselnde Bewegung und Erholung in deinen eigenen vier Wänden. Einige Routinen sind in diesem Buch unter dem Kapitel „Training in der Schwangerschaft" aufgeführt. Weiterhin würde ich mich freuen, wenn du meine zwei YouTube Kanäle „Franziska Piel" und „mama bleibt fit" besuchst, die dir eine große Auswahl an Workouts, Yoga Sessions und Mobility Abfolgen bietet. Suche dir sonst gerne noch weitere Influencer auf den verschiedenen Social-Media-Kanälen, von deren Qualität du überzeugt bist und gerne nach ihren Videos Sport treibst.

Süßigkeiten-Hunger

Du weißt, dass es nicht sinnvoll ist, Unmengen an Süßigkeiten in dich hineinzustopfen. Es gibt großartige Alternativen, die deinen süßen Gaumen befriedigen. Experimentiere doch mit verschiedenen Energyballs, Proteinbällchen, naturbelassenen Nüssen, süßlichen Teesorten oder exotischem Obst. Die Beschäftigung mit neuen Rezepten und Nahrungsmitteln lenkt dich außerdem von schwangerschaftsbedingten Symptomen oder Frustphasen bedingt durch die wachsenden körperlichen Einschränkungen ab.

Schlafposition

Es gibt wenig Nervigeres, als nachts wach zu liegen. Gehörst du auch zu den Bauch- oder Rückenschläfern? Das ist leider für einige Zeit in der Schwangerschaft vorbei. Du musst dich jetzt an die Seitenlage gewöhnen. Damit dir nicht die Arme einschlafen, der Nacken wehtut oder deine Kniegelenke aufeinanderdrücken, empfehle ich dir ein Still- oder Seitenschläferkissen, welches du dir am unteren Ende zwischen die Knie klemmst, weiter oben den Bauch unterstützt und das du am oberen Ende mit den Armen umklammern kannst. Vielleicht musst du auch dein Kopfkissen wechseln oder ein zweites hinzunehmen, sodass deine Halswirbelsäule neutral ausgerichtet ist und nicht nach unten abkippt.

Hautpflege

Auch wenn du es dir noch nicht so richtig vorstellen kannst, dein Bauch wird aus deiner Sicht bis kurz vor der Geburt explodieren. Du fühlst dich, als hättest du einen Medizinball verschluckt und die Haut spannt. Damit du schon bald wieder einen tollen flachen Bauch hast, achte darauf, dass deine Haut weich und elastisch bleibt. Sie soll schließlich nicht reißen. Reibe deinen Bauch täglich nach dem Duschen mit einem natürlichen Öl ein. Lass dabei die Leisten, den Po und das Dekolleté nicht aus. Das sind die typischen Stellen, an denen es zu Verletzungen des Bindegewebes kommen kann.

Bilder

Die Schwangerschaft ist eine einzigartige Phase, in der du dich körperlich stark veränderst. Halte diese Momente fest. Schieße vom ersten Tag an jede Woche an derselben Stelle mit einem ähnlichen Outfit ein Foto und beschrifte es mit dem jeweiligen Datum. Du wirst selbst verwundert sein, wenn du dir im Nachhinein den Verlauf ansiehst. Du kannst dir auch mit deinem Partner einen Spaß draus machen und mit ihm zusammen ein „Bauch-Foto" schießen. Oft sind die Männer mit „schwanger", wollen es aber nicht zugeben.

Vielleicht möchtest du auch im letzten Trimester ein Babybauch-Shooting machen? Fotos mit Babybauch sind etwas ganz Besonderes. Sie können draußen in der Natur, in verschiedenen Positionen zu Hause oder auch als sinnliche Aktfotos aufgenommen werden.

Auch nach der Schwangerschaft passiert viel. Führe doch deine Bildergalerie fort und halte auch den Rückgang deines Bauches bzw. die Rückkehr in deine Wunschform fest. Die Bilder dienen gleichzeitig als Motivation, dich täglich zu disziplinieren, dir Ziele zu setzen und dein Training sukzessive wieder aufzunehmen.

Visualisierungen

Um dein Sportlerherz bei Laune zu halten, male dir gedanklich aus, welche neuen Wege du nach der Schwangerschaft einschlagen möchtest. Hast du schon ein neues sportliches Ziel? Weißt du schon, welche Verhaltensweisen du bezüglich Training und

Ernährung nach der Geburt verändern möchtest? Gibt es berufliche oder private Projekte, denen du dich jetzt in der Schwangerschaft widmen möchtest? Gedankenexperimente machen Spaß und motivieren. Vielleicht magst du sogar das ein oder andere schriftlich festhalten und an einem Ort platzieren, an dem du immer wieder daran erinnert wirst?

Training mit Kind

Wenn dein Kind erstmal auf der Welt ist, wird es nicht mehr so einfach sein wie vorher, Zeitpunkt und Länge deines Trainings frei zu wählen. Da hat nun noch ein kleines Wesen etwas zu melden – und das tut es mit Sicherheit! Versuche jedoch von Anfang an, dein Kleines in dein Training zu integrieren. Dazu kannst du es beispielsweise in einem Stuben- oder Kinderwagen daneben stellen, legst es auf eine Krabbeldecke oder in ein Nestchen, sodass es dich jederzeit sehen, hören und anfangs auch riechen kann, machst die ersten Übungen mit deinem Kind, wie z. B. die ersten Kniebeugen, Ausfallschritte oder Vorbeugen oder legst es unter dich, wenn du auf der Matte im Vierfüßlerstand trainierst. So kannst du dabei mit deinem Liebling kommunizieren. Je nachdem, was du für einen Kinderwagen hast, kannst du recht schnell nach der Geburt dein Kind zum Walken oder Joggen mitnehmen, vielleicht sogar noch die ein oder andere Kraft- oder Mobilisationsübung dabei am oder mit dem Kinderwagen machen. Ein weiterer Vorteil besteht darin, dass dein Kind viel an der Luft ist und viele Eindrücke aus der Umwelt aufnimmt. Auch eine Babytrage ist eine gute Möglichkeit, wie du dein Kind bei dir hast, trainieren oder im Haushalt Dinge erledigen kannst und trotzdem die Hände frei behältst.

Gemeinsam unterwegs

Freiheit und Unabhängigkeit gewinnt mit Kind mehr an Bedeutung als jemals zuvor. Der gewohnte Gang ins Fitnessstudio, ein Besuch bei Familie oder Freunden, eine längere Autofahrt oder gar eine mehrtägige Unternehmung werden plötzlich zu einer organisatorischen Herausforderung. Wenn du weiterhin viel unterwegs sein oder gar reisen möchtest, bereite dich gut darauf vor. In der Regel reichen für deine Touren ein praktischer Wickelrucksack (statt Tasche, damit du die Hände frei hast), ein handlicher Kinderwagen und ggf. eine Trage. Der Wickelrucksack kann immer fertig gepackt sein. Ausreichend Windeln in der richtigen Größe, feuchte und trockene Tücher, verschiedene Sauger, Fläschchen, Milchpulver nach Bedarf, gerne abgefüllt in Portionsbehälter, eine Thermosflasche mit heißem abgekochtem Wasser, ausreichend Kleidung für verschiedene Situationen, eine Decke, Mullwindeln, ein Lieblingsspielzeug oder Kuscheltier und sonstiges, was du für wichtig erachtest. Ich hatte immer noch Notfallmedikamente für Kinder dabei (Fieberzäpfchen, Bauchwehtropfen, Fieberthermometer) und Fencheltee, den ich halb-halb verwendet habe, um das Fläschchen vorzubereiten. So kannst du ohne Bedenken dein Kind mitnehmen, musst dich nicht festlegen, zu welcher Zeit du wieder zu Hause bist, und kannst sogar die ersten Reisen unternehmen. Kinder sind in der Regel sehr anpassungsfähig. Was sie definitiv brauchen, ist Sicherheit und Geborgenheit in Form von Nähe und gewohnten Abläufen, welche du bzw. ihr dem Kind als Eltern gebt, solange ihr dabei seid.

Reisen mit Kind

Schon wenige Wochen bis Monate nach der Geburt steht deinen Reiseplänen nichts mehr im Wege. Dein kleiner Sprössling ist von nun an mit dabei. Doch wie ist das möglich? Ähnlich wie vorher auch. Es empfiehlt sich, zunächst kürzere Strecken zu wählen, sowohl mit dem Auto als auch mit dem Flugzeug. Da du noch nicht weißt, wie dein Kind auf die neuen Bedingungen reagiert, solltest du leicht einsteigen. Vielleicht ist es erst einmal ein Besuch bei Familie oder Freunden mit einer oder wenigen Übernachtungen. Sollte es eine Flugreise sein, könnte es eine Kurzstrecke sein mit ebenfalls kurzen Wegen vor Ort. Wenn beides problemlos funktioniert, könnt ihr eure Touren erweitern. Es gibt lediglich ein paar Dinge, die du beachten solltest. Informiere dich vorab an deinem Zielort über die Ausstattung. Idealerweise können dir Babybett, Buggy, Wickeltisch oder -auflage, Babyphone, Fläschchenwärmer, später Töpfchen, etc. bereitgestellt werden. Sonst musst du diese Utensilien mitnehmen. Außerdem solltest du eine Packliste schreiben mit Dingen, die dein Kind unbedingt benötigt. Dazu gehören z. B. Nuckel, Windeln, ggf. Schwimmwindeln, feuchte und trockene Tücher, Spucktücher, Kuscheltiere, ein paar wenige Spielsachen, Notfallmedikamente, Fläschchen, Milchnahrung, Beikost, falls nicht vor Ort erhältlich und ausreichend unterschiedliche Bekleidung. Packe außerdem den Wickelrucksack mit Dingen für unterwegs. Ausreichend Windeln und Tücher, Verpflegung, Wechselbekleidung, Mullwindeln, Nuckel mit Kette, etc. So kommst du gut und schnell an alles heran. Bei einer Flugreise kann es passieren, dass dein Kind bei Start und Landung schreit. Das ist eine normale Reaktion auf den Druck, den es in den Ohren wahrnimmt. Schreien hilft, den Druck wieder auszugleichen. Solltest du das Gefühl haben, dein Kind leidet, kannst du es mit kindergeeignetem Nasenspray versuchen. Außerdem kannst du die Mahlzeiten ggf. so timen, dass dein Kind während Start und/oder Landung etwas isst bzw. trinkt. Auch so gleicht es Druck aus. Andernfalls hilft auch der Nuckel, um den Saugreflex hervorzurufen. Temperaturmäßig brauchst du dir wenig Gedanken machen. Orientiere dich an deinem eigenen Empfinden. Ist dir heiß oder kalt, so geht es wahrscheinlich deinem Kind ähnlich. Hitze macht den Kleinen in der Regel weniger aus, solange sie Flüssigkeit bekommen und leicht bekleidet sind. Babys schwitzen mehr, vor allem am Kopf und sind eventuell etwas ruhiger, wenn es heiß ist. Sollte dir das bei deinem Kind auffallen, brauchst du dir keine Sorgen zu machen. Halte dich mit deinem Kind bei hohen Temperaturen ausschließlich im Schatten auf und schütze es mit Sonnenlotion (kindergeeignet und hohem Lichtschutzfaktor). Die Haut der Kleinen ist noch sehr empfindlich. Genießt die Zeit gemeinsam und unternehmt das, worauf ihr Lust habt. Was Babys brauchen, sind ihre Bezugspersonen und ihren Rhythmus, den du auch woanders nicht groß verändern solltest. Abgesehen davon fördert es die Entwicklung deines Kindes, wenn es neue Reize bekommt, andere Gerüche wahrnimmt, neue Menschen sieht und auch mal etwas anderes isst. Also nur zu!

Das Wichtigste zum Schluss!
Ein Leben mit Kind – Ist wirklich alles immer „happy life"?

Ich glaube, kaum eine Mutter wird mir widersprechen, wenn ich behaupte, dass sich das Leben mit Kind plötzlich sehr stark verändert. Jeder Tag gleicht einer Wundertüte! An einem Tag erlebst du dein Kind so, am nächsten Tag schon wieder ganz anders. Nichts ist mehr vorhersehbar und doch ist es wundervoll, all diese Kleinigkeiten und Entwicklungen mitzuerleben. Ich verstehe nun auch, dass für viele Frauen ein Kind die absolute Erfüllung ist. Persönlich würde ich es nicht so bezeichnen, da ich meinem Leben noch einen viel größeren oder vielseitigeren Sinn gebe, aber mein Kind gibt auch mir tagtäglich noch mehr Kraft und Energie als jemals zuvor. So schwer manche Zeiten sind, bei mir war es vor allem die Anfangszeit – ein kleines Lächeln meines Sohnes lässt alle Sorgen und Schwierigkeiten vergessen. Wenigstens für diesen Moment.

Ich war mir während der ganzen Entstehungszeit dieses Buches nicht sicher, ob ich diesen Teil als Abschlusskapitel drucken lassen möchte. Doch neben den vielen sachlichen Fakten erzähle ich so vieles Persönliche, dass du nun auch diese letzten ehrlichen Erkenntnisse lesen darfst. Ich habe mich immer wieder mit anderen sportlichen Müttern und Freundinnen ausgetauscht und festgestellt, dass wir alle verschieden sind, doch keine von uns würde unterschreiben, dass schwanger oder frischgebackene Mama sein immer alles „happy life" ist. Nein, es gibt Momente, die einfach ätzend sind, in denen ich mich frage, ob das alles der richtige Weg war. Momente, in denen ich am liebsten weglaufen und mein altes Leben zurückverlangen möchte. Das sind Momente, in denen mein Sohn schreit oder lautstark quengelt und keiner meiner Versuche dazu führt, ihn zu beruhigen. Momente, in denen ich mir etwas vorgenommen habe, und der Plan platzt, weil mein Sohn zu müde, hungrig, wehleidig oder sonst irgendetwas ist und es einfach nicht mitmacht. Vor allem sind es die Nächte und die Stunden, die wir uns als Eltern um die Ohren schlagen, weil er nicht einschlafen kann und wir selbst so müde sind, dass wir kaum die Augen offenhalten können. Für mich persönlich waren und sind es vor allem aber die Momente, in denen ich förmlich gefesselt bin. Mein Sohn schreit, ich versuche mein Bestes, ihn zu trösten und das Einzige, was ansatzweise hilft, ist, ihn summend durch die Gegend zu tragen. Dabei können durchaus schon mal Stunden ins Land gehen, bis er sich beruhigt. Sobald er dann ruhig, im besten Fall eingeschlafen ist, habe ich das Gefühl, nervlich am Ende zu sein und mich überkommt eine unbeschreibliche Müdigkeit. Dazu schaltet sich ein schlechtes Gewissen mir selbst gegenüber, weil ich an diesen Tagen nicht so produktiv war, wie ich es mir vorgenommen hatte. Nun ist mir bewusst, dass sich viele Frauen dabei denken werden: „Warum so viel Druck? Das muss doch alles gar nicht sein!" Und ja, ich gebe jeder einzelnen Leserin recht. Doch wir alle haben eine einzigartige Persönlichkeit, die sich in all ihren Ausprägungen in manchen Situationen als dienlich erweist, in anderen Situationen als hinderlich. So benötigen wir mit der Zeit Muster und antrainierte Verhaltensweisen, um in diesen beschriebenen Momenten den kühlen Kopf zu bewahren und sich selbst zu vergeben. Und genau das ist nicht leicht, wenn die Emotionen durchschlagen und im subjektiven Empfinden diese Momente, die alles andere als „happy" sind, keine rosarote Brille verdienen. Doch sie gehören dazu und das Schöne daran ist, sie gehen vorbei und werden abgelöst von unbeschreiblich schönen, warmen und erfüllenden Momenten.

Ich möchte dich damit nicht verängstigen oder abschrecken. Es wird uns doch nur immer wieder über oberflächliches Storytelling, Social Media und vielleicht auch im Bild der Gesellschaft vorgegaukelt, alles sei easy, happy und vollkommen. Und die Mutter schafft das Leben mit Leichtigkeit. Dabei ist sie die attraktive Frau, die vorbildhafte Mama, die perfekte Ehefrau, die beste Freundin und hat selbstverständlich noch viel Zeit für sich selbst. Sorry, so ist es leider nicht!

Mein Anspruch an mich selbst ist es, all diese Rollen bestmöglich zu erfüllen und das motiviert mich täglich, voller Energie aufzustehen, doch es erfordert eine Menge Kraft, Disziplin und Durchhaltevermögen. Es ist möglich, und wenn du ebenfalls diesen Anspruch hast, kann ich dich nur darin bestärken, täglich daran zu arbeiten. Doch ich bitte dich gleichzeitig, mit einer gewissen Leichtigkeit, einem Funken Selbstironie und einer Menge Spaß an die Sache heranzugehen. Ich bin mir sicher, dass du dann dein und euer Leben so gestalten kannst, wie du es möchtest!

Nicole Babion (Tänzerin, Referentin für Gesundheitsmanagement, Elite Trainerin für Pilates und Gründerin von „Sinneskörper")

Quelle: Malte Babion

„Zunächst einmal meinen Glückwunsch, dass aus einem Traum Realität wurde – ganz dem Motto: dreams don't work unless you do. Das Buch hat mich emotional sehr berührt, da Franzi einen Einblick „hinter die Kulissen" von werdenden Sportler-Mamis gibt. Sie lässt Euch teilhaben auf dem Weg vom Kinderwunsch, der Schwangerschaft und der Zeit danach. Sie beleuchtet die Prozesse einer werdenden Mama, unabhängig, ob Leistungssport oder eben „nur" bewegungsliebenden Müttern. Ich kann das Buch nur empfehlen und wünsche mir, dass möglichst viele Mamis dieses Buch lesen. Weiterhin wünsche ich dir, liebe Franzi, ganz viel Erfolg!"

Julia Lux (Padel Tennis Nationalspielerin & Sportpsychologin)

Quelle: Julia Lux

Im ersten Moment, als ich erfuhr, dass ich schwanger war, war die Freude riesig. Im nächsten Moment beschäftigten mich die körperlichen Veränderungen, die unweigerlich bevorstanden und die Frage „Was wird mit meinem Training sein?" Antworten und Meinungen auf diese Frage gab es genug, die sich sogar teilweise widersprachen. Verunsicherung stellte sich bei mir ein. Ich wollte unter keinen Umständen mein Baby gefährden, aber genauso mir auch meine Bedürfnisse nach Bewegung und Sport erfüllen. Dieses Buch und der persönliche Austausch mit dir, Franziska Piel, half mir während und nach der Schwangerschaft, genau das richtige Maß für mich zu finden. Es diente mir als Leitfaden für all meine Fragen rund um das Thema Sport und Ernährung in der Schwangerschaft und nach der Geburt. Danke, dass du, Franzi, mich währenddessen begleitet hast und ich ohne schlechtes Gewissen mein Training angepasst fortführen konnte. Genauso hilfreich fand ich, dass es endlich mal jemand aussprach: Das Leben mit Kind ist nicht immer Happy Life. Wir unterliegen einem enormen sozialen/gesellschaftlichen Druck, vor allem dem Druck, das Leben mit Kind als Erfüllung zu sehen. Das ist es jedoch nicht immer. Es war für mich eine unheimliche Erleichterung, dass es nicht nur mir so geht, auch wenn nach einem Lachen der Kleinen all der Schmerz, Schlafmangel, Kontrollverlust etc. gleich wieder vergessen ist.

Yvonne Moser (Group Fitness- & Personal Trainerin)

Quelle: Yvonne Weckenmann

Mein Name ist Yvonne Moser, ich arbeite seit mehr als 15 Jahren als Groupfitness Trainerin und seit ca. 3 Jahren als Personal Trainerin. Regelmäßiges Kraft- und Ausdauertraining gehören zu meinem Leben wie die Luft zum Atmen. Meine Motivation und gleichzeitig größte Freude bestehen darin, anderen Menschen den Spaß und die Wichtigkeit an Bewegung, Training und Fitness weiterzugeben und dabei selbstverständlich als Vorbild in allen Bereichen zu fungieren. Und das führte mich zu diesem Buch! Als ich von meiner Schwangerschaft erfahren habe, überwog selbstverständlich die Freude. Gleichzeitig überlegte ich, wie ich trotz fortschreitender Schwangerschaft meiner Leidenschaft nachgehen kann und das unter den besten Voraussetzungen für mein Kind und mich. Dabei habe ich festgestellt, dass ich als sportliche Mama von den Ärzten nicht viel mehr als der Aussage „machen Sie was Ihnen guttut" erwarten kann. Zum Glück habe ich dann von Franziskas Kanal „Mama bleibt fit" erfahren.

Das Buch sowie die Trainingseinheiten „Mama bleibt fit" haben mir geholfen, sicher und mit viel Spaß durch die 9 Monate zu kommen. Die vielen hilfreichen Tipps und Erklärungen von Franziska haben mich auch an schwierigen Tagen zum Training motiviert, außerdem werden im Buch viele offenen Fragen zum Thema Training und Schwangerschaft beantwortet, die sich mir in dieser Zeit gestellt haben.

Laura Schlosser (Personal Trainerin, www.lauraschlosser.de)

Quelle: Katharina Sellinger

Als ich hörte, dass Franzi ein Buch veröffentlicht, wusste ich: Das muss gut werden. Auch ich bin Personal Trainerin, Sportlerin und frischgebackene Mutter und kann mich somit noch gut in die sportliche Schwangerschaft hineinversetzen. Mich begeistert die Kombination von wissenschaftlichen Hintergründen und privaten Erfahrungen aus Franzis Schwangerschaft. Sie zeigt, dass wir alle im selben Boot sitzen und mit ähnlichen Herausforderungen zu kämpfen haben. Diese Verbundenheit hilft schwangeren Frauen sicher, selbstbewusst durch die einzelnen Trimester zu gehen. In meinem Schwangerschaftsprogramm „Fit durch die Schwangerschaft" beschäftige ich mich ebenfalls genau mit diesen Themen und trotzdem sind Franzis Sichtweisen, Erläuterungen und Einschätzungen für mich Gold wert. Sie erreicht damit sowohl Laien & Hobbysportler, aber auch Fitnessfreaks und Profis. Danke für deine ehrlichen Einblicke, deinen Mut zur „Verletzlichkeit" und deine Kompetenz, Franzi!

Danksagung

Ich bin so unglaublich dankbar, dieses Buch in meinen eigenen Händen zu halten. Von Kindesalter an hatte ich die Vision, mich einmal im Leben Buchautorin nennen zu dürfen, doch gab es für mich weder einen fixen Zeitpunkt noch ein konkretes Thema. Zu der Idee zu diesem Buch kam wie die Jungfrau zum Kind. Als ich von meiner Schwangerschaft erfuhr, war es ein flüchtiger Gedanke, meine Erfahrungen und Erlebnisse für meinen Sohn, aber auch für andere werdende Mamas festzuhalten. Gleichzeitig erkannte ich schnell während meiner ersten Eigenrecherchen, dass der Markt für die Kreuzung aus Schwangerschaft und Sport im Sinne einer Handlungsorientierung nicht viel zu bieten hatte. Kurz darauf brachte ich den ersten Satz dieses Buches zu Papier, definitiv der schwierigste Schritt des ganzen Prozesses. Das war damals Anfang April 2020. Wer sich zurückerinnert, eine Zeit, die aus der Krise heraus prädestiniert war für den Beginn eines neuen Projektes zu Hause in den eigenen vier Wänden. Den letzten Punkt habe ich gesetzt Ende Februar 2022, also 22 Monate später. „Bleib fit Mama" ist nicht nur der Titel dieses Buches selbst, sondern die Headline einer Nische, die sich damals für mich aufgetan hat. Zeitgleich entstanden selbst produzierte Videos für YouTube, Instagram & Facebook, Live-Trainingskonzepte für schwangere Frauen; alles in allem eine Herzensangelegenheit von mir, die ich hiermit für immer festhalten kann. Nicht immer war es leicht und ich darf mich glücklich schätzen, Menschen um mich herum zu haben, ohne die ich es wahrscheinlich gar nicht so weit geschafft hätte.

Mein größter Dank gilt meinem Mann, der mir, seitdem wir uns kennengelernt haben, neben meinen Eltern der wichtigste Mensch an meiner Seite ist, mich in all meinem Tun und Handeln unterstützt und wir diesen Weg seither gemeinsam gehen. Er ist nicht nur mein „Fels in der Brandung", sondern ebenfalls für jeglichen digitalen Content, Videoproduktionen und Marketingkonzepte unseres Unternehmens „Heldentraining" zuständig.

Genauso dankbar bin ich für unsere Familie, unsere Eltern, und Geschwistern, die uns stets motivieren, aufmuntern und mir auch in schwierigeren Zeiten immer den Rücken freigehalten haben. Bei denen ich jederzeit um Rat fragen darf und die mich in all meinen Ideen und Projekten unterstützen.

Doch neben meiner Familie bin ich dankbar für meine Freunde, die immer wieder eine schöne Abwechslung in meinen manchmal doch sehr getakteten Alltag bringen. Allen voran Julia, meiner nicht nur engsten Freundin, sondern auch besten Wegbegleiterin seit vielen Jahren. Es war die schönste Nachricht, damals zum Ende meines ersten Trimesters zu erfahren, dass du auch schwanger bist und wir auch diesen Weg gemeinsam gehen würden. Danke auch für den intensiven beruflichen Austausch und die unbezahlbare Freundschaft.

Meiner Gynäkologin Frau Dr. R. – Danke für eine stets professionelle Betreuung und Versorgung. Vor allem aber dafür, dass sie mich immer darin bestärkt hat, weiterhin aktiv Sport zu treiben und meinen Lebensstil ähnlich weiterzuführen.

Meiner Hebamme Waltraud, die mich vor allem in der schwierigen Anfangszeit mit Kind täglich unterstützt hat und mit mir einen Weg gefunden hat, wie wir uns schnellstmöglich und harmonisch miteinander eingewöhnen.

Und zu guter Letzt möchte ich meinen Dank an alle weiteren Freunde und Bekannte aussprechen, die diese Phase miterlebt haben, mir gute Ratschläge und konstruktive Kritik während der Entstehung dieses Buches gegeben haben. Ihr macht dieses Herzensstück überhaupt erst komplett.

Literaturverzeichnis

ACOG Committee Opinion No. 650. (2015). *Physical activity and exercise during pregnancy and the postpartum period.* Obstet Gynecol. 126:e135–e142. 2017 May; 77(5): 508–515. Published online 2017 May 24. doi: 10.1055/s-0043-107785 *Körperliche Aktivität in der Schwangerschaft – wie sportlich sind unsere Schwangeren und wie gut sind sie informiert?*

Stiefel, A. & Geist, C. (2005). *Hebammenkunde.* Stuttgart: Hippokrates.

Arnet, Dr. I., Hersberger, Prof. Dr. K. & Mandach-Schroeder, Prof. Dr. pharm. U. (2011). *Therapiemöglichkeiten bei Schwangerschaftsübelkeit.* Sage-femme.ch

Artal R. & O'Toole, M. (2003). *Guidelines of the ACOG for exercising during pregnancy and the postpartum period.* Br J Sports Med. 37, 6–12.

Atkinson, F. S., Foster-Powell, K. & Brand-Miller, J. C. (2008). *International tables of glycemic index and glycemic load values.* Issue of Diabetes Care, Vol. 31, number 12, 2281-2283.

Barakat R. Perales M. & Garatachea N. (2015). *Exercise during pregnancy. A narrative review asking. What do we know?* Br J Sports Med. 49, 1377–1381.

Boregowda, G. et al. (2013). *Gastrointestinal and Liver Disease in Pregnancy. Best Practice & Research.* Clinical Obstetrics and Gynaecology 27, 835–853.

Bühling, K.J. & Bohnet, H.G. (2006). *Nausea und (Hyper-)Emesis Gravidarum. Ursachen und Therapie der Schwangerschaftsübelkeit.* Frauenarzt 47, Nr. 12.

Büthe, K. & Schwenger-Fink, C. (2020). *Evidenzbasierte Schwangerenbetreuung und Schwangerschaftsvorsorge: Eine Arbeitshilfe für Hebammen im Praxisalltag.* Stuttgart: Kohlhammer Verlag.

Dannhauer, K. (2017). *Guter Hoffnung. Hebammenwissen für Mama & Baby.* (4. Aufl.) München: Kösel Verlag.

Deutsche Gesellschaft für Ernährung, Österreichische Gesellschaft für Ernährung, Schweizerische Gesellschaft für Ernährung (Hrsg.). (2017). *Referenzwerte für die Nährstoffzufuhr.* 2. Auflage, 3. aktualisierte Ausgabe. Bonn.

Duden, B., Schlumbohm, J. & Veit, P. (Hrsg.). (2002). *Geschichte des Ungeborenen: Zur Erfahrungs- und Wissenschaftsgeschichte der Schwangerschaft, 17.–20. Jahrhunderts.* (2. Aufl.). Göttingen: Vandenhoeck & Ruprecht.

Gadsby, R., Barnie-Adshead, A. & Jagger, C. (1993). *A prospective study of nausea and vomiting during pregnancy.* Br J Gen Pract, 43, 245–248.

Goodwin T.M. (2002). *Nausea and vomiting of pregnancy: An obstetric syndrome.* Am J Obstet Gynecol 186, 184–189.

Gruber S. (2012). *Basics Gynäkologie und Geburtshilfe.* (4. Aufl.). München: Elsevier, Urban & Fischer.

Haque, M. et al. (2014). *Non Obstetric Causes and Presentation of Acute Abdomen among the Pregnant Women.* Journal of Family and Reproductive Health 8, 117–122.

Hartmann S. & Bung P. (2005). *Physical exercise during pregnancy – physiological considerations and recommendations.* Journal of Perinatal Medicine 27(3), 204–215.

Heck, T. (1994). *Das Prinzip Egoismus.* Tübingen: Noûs Verlag.

Heepen, G.H. (2014). *Hormone natürlich regulieren.* (4. Aufl.) München: Gräfe und Unzer Verlag.

Hegaard, H.K., Pedersen, B.K., Nielsen, B.B. & Damm, P. (2007). *Leisure time physical activity during pregnancy and impact on gestational diabetes mellitus, pre-eclampsia, preterm delivery and birth weight: a review.* Acta Obstet Gynecol Scand Epub 86, 1290–1296.

Keller, J. et al. (2013). *Lehrbuch der Gynäkologie.* Berlin: Springer-Verlag.

Kemkes-Matthes, B. (2001). *Changes in the blood coagulation system in pregnancy.* Z Kardiol 90, 45–48.

Knechtle, B. (2002). *Aktuelle Sportphysiologie: Leistung und Ernährung im Sport.* Basel [u.a.]: Karger.

Koletzko, B., Cremer, M., Flothkötter, M. et al. (2018). *Ernährung und Lebensstil vor und während der Schwangerschaft – Handlungsempfehlungen des bundesweiten Netzwerks Gesund ins Leben.* Geburtsh Frauenheilk. DOI: 10.1055/a-0713-1058.

Korsten-Reck, U. & Marquardt, K. & Wurster, K.G. (2009). *Schwangerschaft und Sport.* Deutsche Zeitschrift für Sportmedizin, Jahrgang 60, Nr. 5, 117–121.

Korsten-Reck, U. (2001). *Schwangerschaft und Sport. Teil 1: Folgen für Mutter & Kind.* Gynäkologe 44, 847–853.

Kozlowski, P., Knippel, A. & Stressig R. (2007). *Individual risk of fetal loss following routine second trimester amniocentesis: A controlled study of 20.460 Cases.* Ultraschall Med 2007; DOI: 10.1055/s-2007-963217.

Lipsitz, R. (2002). *Wissenschaft im Alltag: Schwangerschaftstests.* Spektrum der Wissenschaft 5/2002, 64. Mbh Verlagsgesellschaft.

Magee, La., Mazzotta, P. & Koren, G. (2002). *Evidence-based view of safety and effectiveness of pharmacologic therapy for nausea and vomiting of pregnancy (NVP).* An J Obstet Gynecol, 186, 256–261.

Marées, H. (2002). *Sportphysiologie.* (9. Aufl.) Köln: Sport und Buch Strauss.

Münzing-Ruef, I. (2000). *Kursbuch gesunde Ernährung. Die Küche als Apotheke der Natur.* (18. Aufl.) München: Wilhelm Heyne Verlag

Perkins, C.C., Pivanik, J.M., Paneth, N. & Stein, A.D. (2007). *Physical activity and fetal growth during pregnancy.* Obstet Gynecol 109, 81–87.

Rasmussen, K.M. & Yaktin, A.L. (2009). *Weight Gain during Pregnancy: reexamining the Guidelines.* Committee to reexamine IOM Pregnancy Weight Guidelines. Washington (DC): Institute of Medicine (US) and National Research Council (US).

Roscoe, J.A. & Matteson, S.E. (2002). *Acupressure and acustimulation bands for control of nausea: A brief review.* Am J Obstet Gynecol 186, 244–247.

Schäffler, A. (2013). *Laborwerte für Heilpraktiker.* Stuttgart: Haug Verlag.

Schmailzl, K. & Hackelöer, B.J. (2002). *Schwangerschaft und Krankheit: Wechselwirkung, Therapie, Prognose.* Stuttgart: Georg Thieme Verlag.

Sternfeld, B. (1997). *Physical activity and pregnancy outcome. Review and recommendations.* Sports Med 23, 33–47.

Verberg, M.F.G., Gillott D.J., Al-Fardan, N. et al. (2005). *Hyperemesis gravidarum, a literature review.* Hum Reprod 11, 527–539.

Rath, W. & Friese, K. (2004). *Erkrankungen in der Schwangerschaft.* Stuttgart: Georg Thieme Verlag.

Weyerstahl, T. & Stauber, M.: *Duale Reihe – Gynäkologie und Geburtshilfe.* (4. Aufl.) Stuttgart: Georg Thieme Verlag.

World Health Organization. (2010). *Global recommendations on physical activity for health.* Genf.

Wurster, K.G. (1998). *Sport in der Schwangerschaft und Stillzeit.* In: Die Besonderheiten des Sports bei Mädchen und Frauen. Sportärzteschaft Württemberg.

EIN HERZ FÜR AUTOREN A HEART FOR AUTHORS À L'ÉCOUTE DES AUTEURS MIA KAPΔIA ΓIA ΣYΓΓPA
KARTA FÖR FÖRFATTARE UN CORAZÓN POR LOS AUTORES YAZARLARIMIZA GÖNÜL VERELIM SZÍV
CUORE PER AUTORI ET HJERTE FOR FORFATTERE EEN HART VOOR SCHRIJVERS TEMOS OS AUTO
HERZÖINKÉRT SERCE DLA AUTORÓW EIN HERZ FÜR AUTOREN A HEART FOR AUTHORS À L'ÉCOUT
CORAÇÃO ВСЕЙ ДУШОЙ К АВТОРАМ ETT HJÄRTA FÖR FÖRFATTARE Á LA ESCUCHA DE LOS AUTOR
AUTEURS MIA KAPΔIA ΓIA ΣYΓΓPAΦEIΣ UN CUORE PER AUTORI ET HJERTE FOR FORFATTERE EEN H
YAZARLARIMIZ VER HERZÖINKÉRT SERCE DLA AUTORÓW EIN HERZ FÜR
VON SCHRI TEMOS OS A CORAÇÃO ВСЕЙ ДУШОЙ К АВТОРАМ ETT HJÄRTA FÖR

Die Autorin

Franziska Piel wurde 1987 in Frankfurt am Main
geboren. Nach dem Abitur und dem Studium der
Sportökonomie erhielt sie eine Festanstellung
im Management einer großen Fitnesskette und
machte sich später selbständig. Sie ist seit über
18 Jahren in der Fitnessbranche als Fitness-
und Personalcoach tätig und teilt ihr Wissen
im „Functional Training" sowie ihr sportliches
Mindset als Referentin und Speakerin auf
nationalen und internationalen Events. Zu ihren
besonderen Fähigkeiten gehören Begeisterungs-
und Motivationsfähigkeit. Mit ihrem eigenen
Unternehmen „Heldentraining" unterstützt sie
andere Menschen dabei, ihre Ziele durch eine
Kombination von Training und Psyche zu erreichen.
„Bleib fit Mama!" ist ihr erstes Buch.

novum VERLAG FÜR NEUAUTOREN

Der Verlag

*Wer aufhört
besser zu werden,
hat aufgehört
gut zu sein!*

Basierend auf diesem Motto ist es dem novum Verlag ein Anliegen, neue Manuskripte aufzuspüren, zu veröffentlichen und deren Autoren langfristig zu fördern. Mittlerweile gilt der 1997 gegründete und mehrfach prämierte Verlag als Spezialist für Neuautoren in Deutschland, Österreich und der Schweiz.

Für jedes neue Manuskript wird innerhalb weniger Wochen eine kostenfreie, unverbindliche Lektorats-Prüfung erstellt.

Weitere Informationen zum Verlag und seinen Büchern finden Sie im Internet unter:

www.novumverlag.com